Alfonso Berardinelli

Direita e esquerda na literatura

Editora Âyiné
Belo Horizonte, Veneza

Direção editorial: Pedro Fonseca
Assistência editorial: Érika Nogueira Vieira
Coordenação editorial: André Bezamat, Zuane Fabbris
Conselho editorial: Lucas Mendes de Freitas, Simone Cristoforetti
Produção editorial: Danielle Queiroz

Pça Carlos Chagas, 49. 2º andar
Belo Horizonte. 30170-140
+55 31 3291-4164
www.ayine.com.br
info@ayine.com.br

Alfonso Berardinelli
Direita e esquerda na literatura
© Editora Âyiné
1ª edição, 2016. 2ª edição, 2020.

Tradução: Pedro Fonseca
Preparação: Sandra Martha Dolinsky
Revisão: Fernanda Alvares, Andrea Stahel
Ilustração: Julia Geiser
Projeto gráfico: Luísa Rabello

ISBN: 978-65-86683-10-3

Alfonso Berardinelli
Direita e esquerda na literatura

Biblioteca antagonista 11

🔊 Âyiné

Sumário

9   Capítulo 1
Uma entrevista

21   Capítulo 2
Três tipos de intelectuais

37   Capítulo 3
Escritores e política

45   Capítulo 4
Direita e esquerda na literatura

75   Capítulo 5
Como ensinar literatura moderna?

97   Capítulo 6
Onde foi parar a indústria cultural

109   Capítulo 7
O equívoco místico

121   Capítulo 8
Pós-modernidade e neovanguarda

Capítulo 1

Uma entrevista

Entrevistador: Desculpe-me a indiscrição. Gostaria de saber do senhor o que são os intelectuais, o que é um intelectual. O senhor é um intelectual, ao menos é essa a minha impressão. Ou não?

Intelectual: Como o senhor pode ver, já essa questão é um problema. Aceitando o fato de que eu seja um intelectual, eu deveria também saber o que sou. Parece-me que estamos diante do famigerado «conhece-te a ti mesmo». Eu deveria possuir uma plena consciência de mim mesmo, e, além disso, fazer dessa consciência um objeto do conhecimento... Estou entediando o senhor?

Entrevistador: Não, não, prossiga.

Intelectual: Prefiro não me adentrar nos meandros da questão, seria perigoso. Mas acho que evitá-los completamente seria impossível. Foi aquele provocador de Sócrates que nos colocou na enrascada com aquele enigmático imperativo. Em minha opinião, conhecer-se significa deixar de existir. Enquanto a história se está desenrolando, qualquer imprevisto, mesmo banal, pode revelar algo de nós que não sabíamos.

Entrevistador: Quer dizer, então, que o máximo de autoconsciência se dá no ponto de morte...

Intelectual: Não seja tão extremista e tão lúgubre. Nesse instante, a curiosidade sobre si mesmo é muito menor, tendo a crer. Não há mais o impulso. Quando se era jovem, era necessário viver para entender algo de si. Durante a vida não se tem o tempo para pensar naquilo que se é; estamos preocupados com o modo como nos veem e como seguir em frente. Dessa forma, deparamos com desalentos e remorsos: melhor evitar. No fim das contas, o «conhece-te a ti mesmo» é coisa para os filósofos, ou seja, para tipos especiais, se não para seres superiores...

Entrevistador: O senhor acredita seriamente que os filósofos sejam seres superiores?

Intelectual: Eu não, mas eles sim. Já o fato de que tenham inventado a filosofia como modo de pensar diferente e melhor do pensar comum os torna superiores. Desejam sê-lo e devem sê-lo para se justificarem aos olhos dos outros. Nunca os escutou quando falam? Não os lê nos jornais?

Entrevistador: Nos jornais?

Intelectual: Sim, nos jornais. O senhor acha estranho? Hoje, os filósofos escrevem muito nos jornais. São muito escutados, mesmo quando não se entende aquilo que dizem. São escutados porque partem lá de longe e chegam lá longe. Partem do Início e chegam às Coisas Últimas. Acha aceitável, parece-lhe normal uma coisa assim?

Entrevistador: Então, são coerentes. São sérios. Se encaram um problema, querem ir a fundo.

Intelectual: Que ficassem de uma vez por todas nesse «fundo» deles! Acham que o fundo existe realmente e que está reservado para eles! Acham que têm passagem de ida e volta. Estão convencidos de que podem voltar do fundo depois de terem estado lá, entendeu? São malucos. Ou estúpidos. Na verdade, o fundo é aquela coisa da qual é mais fácil não conseguir voltar que voltar, compreende?

Entrevistador: Na verdade, não completamente. Parece-me que em suas palavras se pode observar certa animosidade.

Intelectual: É verdade, reconheço. Os filósofos, principalmente os superfilósofos, os *über-philosophen*, fazem-me perder a paciência...

Entrevistador: O senhor não acha que exagera

quando os chama de loucos ou estúpidos? Acha que está imune a esses riscos? A verdade é que o senhor ainda não me disse o que é um intelectual. Não sabe nem mesmo se é um? Prefere não ser?

Intelectual: Visto que insiste, não evitarei a pergunta. Digamos que os intelectuais são uma ampla e variada categoria de profissionais ou de artistas do pensar e do saber da qual os filósofos fazem parte. Mas, por sua vez, devem-se distinguir os filósofos em diferentes categorias, escolas e correntes. Existem, por exemplo, os filósofos neoantigos, que, como diz a palavra, imitam os antigos, macaqueiam os antigos, interpretam em máscara como eles, por exemplo, como se tivessem os mesmos problemas e os mesmos instrumentos mentais dos filósofos da antiga Grécia, da Idade Média cristã, ou talvez da Índia ou da China de vinte séculos atrás. Na extremidade oposta estão os filósofos «absolutamente modernos», para os quais quase todos os problemas filosóficos tradicionais são erros linguísticos, quimeras terminológicas, inexatidões, não problemas, *nonsense*. Enquanto a primeira categoria de filósofos, os neoantigos, tendem inevitavelmente a transformar-se em teólogos e mitólogos, a categoria dos absolutamente modernos tende à ciência e à técnica, frequentemente à engenharia...

Entrevistador: Filósofos à parte, o que o senhor tem a me dizer dos intelectuais? Engano-me ou prefere não falar?

Intelectual: Reconheço, falar de si é um problema. E é um problema duplo ou triplo falar de si como representante de uma categoria. Os outros colegas podem se ofender. Nenhum intelectual aprecia que um colega fale em seu nome. Somos uma categoria de individualistas. Cada um de nós se sente único. Mas se ao menos fosse assim! Geralmente se almejam as vantagens sindicais de pertencer a uma categoria e ao mesmo tempo se deseja a auréola da unicidade. A verdade é que ninguém é único cem por cento e ninguém é integralmente socializado, homologado, modelado no torno, fazendo, assim, que perca completamente as imperfeições originárias, aquelas qualidades que são a outra face dos defeitos.

Entrevistador: E o senhor, como se sente? Único ou categoria?

Intelectual: Digamos que tento me afastar da categoria para parecer único. Entretanto, se teimo tanto em afastar-me da categoria perdendo algumas vantagens, isso quer dizer que existe em mim algo de refratário, algo que resiste à assimilação.

Entrevistador: Algo? O quê?

Intelectual: Já disse que o fato de sentir-se em algum grau único é uma característica da categoria. O que digo para mim vale para muitos. Aqui entra em jogo a ontogênese do intelectual. Por que e como um intelectual, em determinado momento da vida, passa a sê-lo. Pode ser que seu desejo fosse entrar em uma casta profissional. Provavelmente tratou-se de inclinações particulares para a investigação linguística, ou para a lógica, ou para a pesquisa científica. O fato é que, vistos de fora, os intelectuais são um grupo à parte, um grupo não muito simpático porque presume de ter o monopólio do saber, do pensar, do entender. Os intelectuais sempre estiveram em competição com os padres. Enquanto os padres vêm até nós com o sorriso paternalista de quem tem Deus no bolso e nos oferecem um pouco com a condição de que ofereçamos obediência, da mesma forma os intelectuais laicos modernos se apresentam ao mundo como aqueles que dizem a verdade e defendem a liberdade. Ou seja, ambos se «presumem», se vangloriam. Como conseguem ser perdoados? Quando se consegue o perdão por ser «homem de Deus» ou «encarregados da verdade», somente quando se é capaz de se demonstrar útil aos outros, quando se contribui para a melhoria da vida social, quando se «coloca à disposição» nem que seja uma pequena parte do privilégio que se tem.

Entrevistador: Finalmente chegamos ao ponto. Os intelectuais devem ter uma função. Diga-me algo sobre isso. Max Weber descreveu o trabalho intelectual como profissão. Gramsci falou dos intelectuais como políticos e como técnicos. Ortega y Gasset falou dos intelectuais especialistas e especializados como novos bárbaros, como homens de massa. Julien Benda concentrou-se na traição dos *chierici*, termo com o qual designava os intelectuais. Bertolt Brecht escreveu sobre as *Cinco dificuldades para quem escreve a verdade...* e eu poderia continuar. Ou seja, por favor, seria importante que nós também falássemos dessas questões. Ou a discussão sobre os intelectuais terminou? Isso o entedia?

Intelectual: Talvez tenha terminado, mesmo que nada termine para sempre. Talvez me entedie, visto que entedia a todos. Pessoalmente, não me sinto intelectual como categoria, como classe, grupo social interessante do ponto de vista político. Não gosto de alinhamentos, de tomar partido. Prefiro explicar a mim mesmo aquilo que se desenrola a indignar-me um dia sim e outro também. Quando se alinha, a pessoa acaba por se entrincheirar e deixa de considerar que o adversário também pode ter razão: não sempre, mas às vezes.

Entrevistador: Mas isso não lhe parece vil? Não é uma renúncia às próprias responsabilidades? Aquele que não assume uma posição alinha-se ao mais forte.

Intelectual: Agradeço-lhe. O senhor captou o xis da questão. Há muito tempo não consigo assumir responsabilidades que não sejam aquelas estritamente necessárias e sob as quais posso ter um controle pessoal e direto. Os intelectuais não são um grupo, nem um partido da verdade: estão aqui e ali, não têm poder, e, se o procuram, colocam-se a serviço de quem os possui. Os intelectuais que querem usar uma declaração de filiação política como um megafone perdem o sentido da própria voz, perdem a dimensão daquilo que são: uma zona não muito central na geografia da sociedade. Não desejo subestimar o que o senhor define como «função». Mas essa função deixa de ser real mesmo quando se renuncia ao ímpeto militante. Por que razão eu falava mal de certo tipo de filósofo que mastiga e rumina metafísica? Porque a linguagem dele, as ideias dele são demasiadamente vastas e acolhedoras, são eternas como o vazio, eternamente replicáveis e manipuláveis, porque reduz a cinzas tudo aquilo que tocam.

Gostaria que me dissessem que coisa lhes passa pela cabeça quando pensam a palavra «ser»... creio que a filosofia seja uma suave doença mental... o dever do intelectual, como de quem quer que seja, é falar, pensar e agir dentro do espaço que a vida cotidiana lhe impõe. O chamado «pensar grande» é uma espécie de droga, uma megalomania. Ninguém é maior que aquilo que é...

Entrevistador: Noto que o senhor se contradiz. Agora fala do «ser» e se pretende «conhecedor de si mesmo»?

Intelectual: É melhor não usar o verbo ser no infinitivo, mas conjugá-lo de acordo com as circunstâncias: tu és, eu era, vós sereis, nós seremos... e, depois, é necessária uma dose de autoconsciência. Digo autoconsciência social, cotidiana, autobiográfica: algo que frequentemente falta aos intelectuais mais que a outras pessoas. Um dos maiores defeitos dos cientistas, acadêmicos, filósofos, políticos é que não dizem jamais «eu» quando afirmam alguma coisa, não relativizam, não circunstanciam a própria opinião, não nos fazem compreender de onde vem o que são ou pensam, qual acontecimento pessoal os levou às próprias convicções. Se não dizem «eu» é para esconder a enormidade do próprio Eu imaginário. O trabalho intelectual na qualidade de *Beruf* (é o termo de Weber) se apresenta seja como «profissão», seja como «vocação». Por um lado, todo intelectual deve se relacionar com a corporação e a comunidade científica à qual pertence: essa relação traz consigo imperativos, regras, hostilidades, solidariedades, frustrações e gratificações (os universitários são muito orgulhosos de usar o papel com o símbolo da própria universidade). Mas os intelectuais não obedecem apenas às leis do próprio presente social: se possuem uma vocação, essa os liga a um extenso passado, faz que se sintam parte de uma tradição na qual encontram Sócrates e Aristóteles, Leonardo e Galileu, Voltaire e Leopardi, Marx e Keynes, Tolstói e Orwell. Para Tolstói, que era um radical, a única pergunta importante era: «O que temos que fazer? Como temos que viver?». Uma pergunta que abarca tudo e não exclui nada: ética, conhecimento, autoconsciência, juízo social e político, imaginação prática, capacidade técnica no uso dos próprios recursos culturais etc. O trabalho intelectual é uma arte: quem disse isso não foi um poeta, mas um sociólogo chamado Charles Wright Mills, que dedicou à questão o capítulo conclusivo do seu livro *The Sociological Imagination*. Isso quer dizer que na ideia do intelectual como especialista reside uma distorção «bárbara», como defendia o conservador e inimigo da sociedade de massa José Ortega y Gasset: a ciência, para progredir, afirmava, precisa transformar o cientista em um primitivo, em um bárbaro moderno...

Entrevistador: E o senhor compartilha do ponto de vista de um conservador como Ortega?

Intelectual: Não me parece que ele estivesse muito errado. Um intelectual não é exatamente um especialista, há sempre algo que ele conhece bem, em profundidade, como especialista, mas há algo (todo o resto) que ele conhece como indivíduo não especializado, como «individualidade» formada por uma história pessoal. Eu não gostaria de defender aquilo a que mais me dediquei na vida, ou seja, a literatura: mas, certamente, é uma especialização pouco especializada porque estuda diretamente (assim como a história, a sociologia e a psicologia) a vida de seres humanos particulares, estuda aquilo que pensam e aquilo que fazem: ou seja, aquilo que fizeram da própria vida. A literatura é antiga, tão antiga quanto o mundo. A figura do intelectual é também, por isso mesmo, uma forma útil e interessante de «anacronismo». Não é necessário que toda a nossa cultura seja sincronizada com aquilo que acontece hoje, com o presente e o futuro da maneira que o imaginamos e como tentam nos impor os propagandistas do Progresso Perpétuo e Ininterrupto. O presente é feito de camadas, contém tudo. Aquilo que parece a «tendência fundamental do nosso tempo» pode se revelar uma hipótese ou uma ilusão transitória. Ninguém sabe o que as entranhas do presente contêm e nem aquilo que darão à luz. Não aguento aqueles filósofos e intelectuais como Glucksmann, Bernard-Henri Lévy ou Hitchens, que ficam de olho em todos os conflitos mundiais, que se movimentam de uma extremidade a outra do planeta voando como espíritos puros e nos ensinando da noite para o dia o que «realmente» está acontecendo e aquilo que temos que pensar e fazer. A consciência deles é onipresente. O jornalismo deles é titânico. Eles encaram o mundo e o combatem. Herdeiros de Sartre? Mas, hoje, Sartre é mais anacrônico que Sócrates, que conversava com método pelas estradas de Atenas e dizia não saber nem mesmo aquilo que todos sabiam...

Entrevistador: Meus parabéns. Congratulações. Recomeçamos sempre da estaca zero. E agora, o que faço desta entrevista?

Capítulo 2

Três tipos de intelectuais

Tudo, se quisermos, pode se dividir em três partes: ou tipos, ou categorias, ou funções, ou níveis. A divindade cristã é dividida em Pai, Filho e Espírito Santo. A divindade hindu assume a forma de Brahma o Criador, Shiva o Destruidor, Vishnu ou Aquele que conserva e protege. A Gália de Júlio César, *«est omnis divisa in partis tris»*, uma habitada pelos belgas, outra pelos aquitanenses e a terceira pelos célticos. A dialética de Hegel também é dividida em três momentos: antes temos a tese, depois a antítese e no final chega-se à síntese.

Eu poderia escolher as divisões em dois (extrovertido e introvertido, contemplativo e ativo) ou em quatro (norte, sul, leste e oeste; ou então quente, frio, úmido e seco). Mas mantenho-me apegado às mais prestigiosas trindades e, pretendendo dizer algo a respeito dos intelectuais de ontem e de hoje, afirmo que podem ser divididos, por clareza, em três tipos fundamentais: o metafísico, o técnico, o crítico. Previno-me, e prevendo fáceis objeções, acrescento desde já que não encontramos esses três tipos *in natura*, quero dizer, na sociedade, em estado puro. Às vezes se misturam e se tornam híbridos. Existem muitos metafísicos que se creem e se consideram críticos: ou melhor, os mais «essencial e fundamentalmente» críticos de todos, visto que, para eles, o conhecimento mais verdadeiro é o que concerne aos princípios primeiros, tudo aquilo que talvez não se veja, mas que constitui a intangível origem e raiz, o objetivo definitivo e o destino de todos os fenômenos dos quais nossos sentidos tomam conhecimento e que fazem a matéria da experiência comum.

Os técnicos, por sua vez, sentem-se maximamente críticos, realistas, concretos e sem preconceitos, antes de mais nada porque encarnam a sacrossanta antítese à metafísica, por eles considerada pensamento confuso e desencarnado, reino das sombras, mundo do além-mundo que pode ser objeto apenas de vácuas hipóteses indemonstráveis ou de fé cega, dogmática, irracional.

Aqueles que defino críticos nutrem, enfim, a presunção de serem criticamente os mais coerentes, dado que não creem nem crer nem saber, ou, mais precisamente, julgam que as certezas podem ser apenas subjetivas, transitórias e volúveis; se afirmam algo, fazem-no com prudência e declaram preventivamente: aquilo que afirmo agora vale aqui, vale agora e pelo que diz respeito a mim; decidam vocês se por acaso pode dizer respeito, em outras paragens e no futuro, a vocês também.

Mas não coloquemos o carro na frente dos bois. São necessárias algumas palavras a mais para compreender melhor de que tipos estamos falando, talvez com alguns exemplos.

Os metafísicos pareciam desaparecidos e derrotados sob os ataques da crítica iluminista, racionalista, empirista. Ao longo do século xx, e principalmente depois de sua metade, as qualificações de «metafísico» e de «místico» eram frequentemente usadas como um dos insultos mais difamadores. Após Voltaire, após a *Encyclopédie*, após Marx, Comte e Freud, aquilo que fora místico e metafísico, irracional ou supostamente sobrenatural, virou objeto de apaixonados e positivos estudos científicos. Ou seja, foi «desmistificado» porque se tratava, cientificamente falando, de fábulas, de justificativas e coberturas ideológicas, de medos ou desejos inconscientes, de antigas superstições, de instrumentos culturais usados ardilosamente para conservar uma sociedade opressiva e defender o poder daqueles que a dominavam, manipulando as consciências. Mas raramente acontece de algo ser completamente eliminado e cancelado do curso da história. Começou-se a observar de perto as ideias modernas e ocidentais de história e ciência: e se percebeu que não é possível tornar completamente racional a vida dos indivíduos e da sociedade; descobriu-se que existiam outras culturas para além da europeia, burguesa e capitalista; afirmou-se que a própria ciência era – ou poderia ser – usada como uma carranca ou um porrete ideológico para silenciar objeções e dúvidas dos «reles mortais». Terminou-se por constatar que noventa por cento da arte e da literatura moderna nasciam de sentimentos antimodernos, anticientíficos, antiprogressistas, e que com uma preocupante, estimulante frequência a arte moderna poderia recorrer ao antigo, ao arcaico, ao originário, ao infantil, ao noturno, ao não burguês, a tudo aquilo que não é médio, normal, calculável, comum. Assim, a razoável e estoica proibição antimetafísica de Kant pareceu uma censura, uma amputação rigorista. Renunciar ao conhecimento metafísico e bani-lo cientificamente pareceu a expressão de um novo e atualizado dogmatismo. O sistematizador

Hegel foi detestado por Schopenhauer, foi rejeitado por Kierkegaard. Mas, depois, Nietzsche foi além, e quis ir além de todos os saberes e valores que para ele eram «inimigos da vida». Mas a antimetafísica de Nietzsche abria espaço para uma nova metafísica, ou, melhor dizendo, para uma ontologia radical do puro existir que se colocava fora de quaisquer categorias racionais e morais. Acontece que o homem capaz de tanto tem de ser especial, realmente *über* e *súper*, um ser humano que se funda no vazio dos fundamentos herdados e, assim, encontra fundamento no eterno recomeçar, na eterna aurora já sem crepúsculo, no ser pleno, originário e inegavelmente divino: não humano, mais que humano, neo-humano, pós-histórico e pós-humano. O ser na qualidade de Ser seria outra espécie de paraíso, biontológico ou, melhor dizendo, uma peculiar espécie de horror dionisíaco.

A destruição nietzschiana da metafísica abriu a estrada ao aparecimento daqueles que são os intelectuais metafísicos do século XX e atuais, ou Novos Sábios. Neles se misturam a morte de Deus e o retorno dos deuses, o niilismo e as ciências sacras, a filosofia que se transforma em teologia do novo Deus chamado Ser. A rejeição do conceito leva esses intelectuais a desprezar a moderna e iluminista categoria de intelectuais, para ser algo a mais. Para eles, não contam tanto o intelecto e a experiência, conta a Mente Superior, que, para além de quaisquer esquemas e aparatos racionais, técnicos, instrumentais, capta a pura vida do ser. Mas essa vida não é individual, está além do indivíduo, porque este é aparato psíquico, é gaiola limitadora e opressora que promove uma coerção em detrimento daquilo que no indivíduo é ontologia do ser comum. Esses metafísicos não têm à disposição uma metafísica arquitetônica como aquela de Platão, Aristóteles ou Dante. A metafísica deles arrasta a filosofia em direção à poesia: uma metafísica desossada, sem estruturas, puro movimento em direção do além e do aquém do ser humano e de suas culturas como as conhecemos historicamente.

Se eu tivesse de dar os nomes de alguns mestres dos intelectuais neometafísicos do século XX deveria citar, obviamente, Martin Heidegger (que torna místico o jargão filosófico alemão e fala do Ser sem explicar como é possível falar daquilo que transcende a palavra). Mas citaria, também, René Guénon (convertido à mística islâmica e estudioso do Vedanta), sem esquecer Mircea Eliade, um dos maiores indólogos e mitólogos do século XX. Mas, certamente, a ontologia radical e vitalizada profetizada por Nietzsche assumiu várias formas: sendo apocalíptica e revolucionária, às vezes se misturou com o marxismo apocalíptico e anarquizante que vê revoluções em cada esquina, na espera de uma greve insurrecional do ser social, na parte de cá e contra todos os aparatos e dispositivos organizativos e de controle. Chega-se a Foucault e Derrida, para quem qualquer organização é repressão, toda linguagem é alienação e metafísica. Se, como afirma Nietzsche, «o velho Deus» está morto, aí então deve morrer ou ser eliminado também «o velho homem», até o momento em que seremos «iluminados pelos raios de uma nova aurora». Na Itália temos alguns metafísicos: por exemplo, Emanuele Severino, Roberto Calasso, Massimo Cacciari, em certa medida Giorgio Agamben, talvez Toni Negri.

Se para os místicos o único objetivo é o ser para além de qualquer objetivo humano, para os técnicos o único ser pelo qual vale a pena se interessar assemelha-se a uma máquina que deve ser mantida em funcionamento ou ser consertada. Máquina psíquica e física, máquina social, máquina econômica e produtiva, máquina linguística. Enquanto os metafísicos nos falam continuamente de um ser que escapa da linguagem, dos dispositivos e dos aparatos, e são os propagandistas de um fim a atingir para o qual não se nomeiam os meios (poderia dizer que são falsos místicos sem técnicas místicas), para os técnicos, ao contrário, a única coisa que conta são os meios e sua eficiência: o fim não se discute, será o desenvolvimento dos meios que irá criá-lo. Se, por exemplo, conseguirmos ter os meios para alterar radicalmente o ser humano, corpo e mente, o fim será esse novo homem que os meios biotécnicos são capazes de criar. O fim segue os meios. O fim é um produto dos meios. Assim sendo, não deve ser concebido, e muito menos discutido antecipadamente. Para os técnicos, ter uma ideia do ser humano e da sociedade seria ceder à tentação metafísica ou moralista de quem pretende saber o que é, o que deveria e o que não deveria ser, a humanidade. Para os intelectuais técnicos, a ideia boa e justa de humanidade, qualquer que seja, é um dogma pré-científico. O único comportamento justo é a liberdade de pesquisa dos meios para ajustar, programar, curar, modificar a máquina humana. Proibido saber para qual objetivo.

A própria sociedade é uma máquina sem escopo, cujo único objetivo é funcionar. Isso diz respeito a muitos dos sociólogos de hoje e também à maioria dos economistas, visto que a crítica da economia política é praticamente inexistente. Os técnicos têm suas razões: se, por exemplo, os metafísicos tivessem técnicas a propor, como acontecia na Antiguidade ou na Idade Média, para adquirir o conhecimento metafísico, deixariam de se submeter totalmente às palavras no exato momento em que as declarassem inadequadas. A verdade é que o mundo contemporâneo não dispõe de técnicas mentais que tornem inteligível e praticável o discurso metafísico e ontológico. Quando se deseja um fim, obrigatoriamente se devem desejar também os meios para atingi-lo, do contrário termina-se por fantasiar. Mas entre metafísicos e técnicos existe uma relação complementar: uns possuem a coisa essencial que falta aos outros. Dever-se-ia acrescentar que a ideia de «escopo final», ou de ser humano absoluto, que os metafísicos têm em mente é tão além-homem que supera (por definição) as possibilidades práticas de qualquer meio humano que se possa imaginar atualmente.

Um caso especial e paradoxal foi o dos técnicos da Revolução, atualmente passados – por falta de meios e incertezas de objetivos – à categoria dos místicos, visto que para eles a revolução se assemelha agora a uma apocatástase, uma restauração da ordem divina depois da catástrofe social, na qual a ontologia derrotará a tecnologia.

Na cultura europeia moderna houve um período, o humanístico e renascentista, no qual entre metafísicos e técnicos não se dava uma separação clara. As figuras intermédias eram o médico mago e o cosmólogo simbólico. De Pico della Mirandola a Bruno e Campanella, o estudo dos mistérios da natureza era técnico e místico. Mas, sem dúvida, Maquiavel é já completamente um técnico (da política) no qual o método frequentemente prevalece sobre os objetivos. Marx foi um utopista, mas principalmente um cientista social: a corrente que nasceu dele foi de técnicos que construíram máquinas organizativas, os partidos revolucionários, mais aptos a destruir e envenenar as relações sociais que a construir uma sociabilidade melhor.

No século XX, os técnicos abundam. Citar nomes é difícil. Certamente, a arte de vanguarda é apocalíptica e técnica ao mesmo tempo: nega o passado e inventa dispositivos estéticos de autodestruição da arte e de sua ideologia. Muitas foram as teorias literárias que insistiram a respeito da técnica (os futuristas Joyce, Valéry, Breton, os formalistas russos, até o *nouveau roman* e o estruturalismo). A filosofia especulativa foi ameaçada pelo neopositivismo, pela filosofia da linguagem e pela linguística. Aquilo que está em discussão com Wittgenstein é o sentido das afirmações filosóficas, a maior parte das quais, do seu ponto de vista, não possui um sentido. Desse modo, a filosofia também se torna uma técnica lógico-linguística para depurar, tratar, curar a linguagem filosófica de suas doenças para que funcione finalmente bem, seja clara e fundamentada.

Hoje, fazem parte da tipologia dos técnicos todos aqueles que buscam manipular eficazmente os diferentes aspectos da realidade (legislação, corpo humano, produção e finança, instituições, comportamentos dos consumidores etc.), para permitir que a máquina social funcione do melhor modo possível. Tendo em vista o quê? Um progresso por cuja definição um verdadeiro técnico jamais se interessa.

Entre o Ser a reencontrar e a Máquina a colocar em funcionamento, alguém simplesmente se sente desconfortável. Pensa que «alguma coisa não está funcionando». Essa já poderia servir como uma primeira definição do terceiro tipo de intelectual, os críticos: talvez o mais difuso, mas também o mais fraco e menos respeitado. Os críticos são e se reconhecem como indivíduos desalentados, receosos, sem poder, e frequentemente têm a sensação de estar sozinhos. Suas experiências são comuns, não parecem especiais nem especializadas. Mas isso não quer dizer que sejam fáceis de comunicar e de compartilhar. De um lado, o Ser, ou Deus, ou os deuses, o Absoluto, o Início e o Fim, a Verdade e a sua desconstrução. Do outro, os imperativos práticos, o progresso, a coletividade, estruturas, superestruturas, infraestruturas, Estado e mercado: e a necessidade de fazer funcionar tudo isso para possibilitar o desenvolvimento, o crescimento, o melhoramento. Pressionado entre essas entidades opressoras, para o crítico sobra pouco espaço. Não sabe propor soluções válidas em geral. Acredita e não acredita – mas, mesmo assim, em algo relativo e minúsculo.

Na categoria dos metafísicos-mitólogos-ontologistas-místicos encontramos aquilo que resta da chamada «filosofia continental» europeia, com o acréscimo de um ou outro junguiano e historiador das religiões. Na categoria dos técnicos encontramos prevalentemente matemáticos e cientistas políticos, sociólogos e biólogos, médicos e engenheiros, especialistas em *management* e comunicação, estetas e publicitários. Entre os escritores temos principalmente escritores, mas também «gente comum», cuja inteligência é de outro tipo e não inferior à dos intelectuais. O crítico precisa do senso comum, de experiências comuns, e de uma linguagem na qual seja possível dizer coisas que talvez não interessem a Deus, e que certamente não servem ao progresso.

A crítica foi uma das bandeiras da modernidade. À sua ação deve-se o nascimento das democracias liberais, das sociedades abertas, das utopias sociais, da pesquisa científica livre. Pelos metafísicos podemos ser informados de que Deus está morto, mas que, felizmente, em seu lugar temos o Ser. Com os técnicos aprendemos todos os dias que, «por razões técnicas», alguma coisa não será feita e seremos obrigados a fazer outra qualquer, queiramos ou não. Mas para os críticos, contrariamente aos metafísicos e aos técnicos, os indivíduos como individualidade existem: não são apenas aparências, ou contingências, ou imprevistos infaustos, erros que devem ser eliminados, distorções subjetivas superáveis em uma visão mais vasta e uma perspectiva mais elevada. Para os críticos, a singularidade das vidas individuais é um terreno e um instrumento de conhecimento do qual não se pode prescindir. Descobriram-no filósofos como Montaigne e Kierkegaard, que não construíram sistemas teóricos nem escreveram tratados, mas usaram como forma literária mais adequada ao pensamento a forma da confissão, da autoánalise, do diário, da diatribe. Podemos acusar Kierkegaard? Podemos acusar Leopardi ou Baudelaire de narcisismo pelo fato de terem falado de si mesmos, de terem «explorado o próprio peito», ou por terem «exposto o próprio coração»? O eu do crítico é um instrumento para ser honesto com os outros, que, por sua vez, não são desprovidos de um próprio eu. Não é nem uma descoberta recente nem um paradoxo provocador notar que os três supracitados, grandes escritores modernos, foram também dos mais memoráveis críticos da modernidade. Os críticos correm o perigo da solidão. Precisam da solidão. Melhor dizendo, representam-na publicamente como um valor público que é publicamente desconhecido.

No século XX, a família dos críticos alargou-se, ainda que não se trate de uma família, mas sim de filhos únicos e órfãos. Todo intelectual crítico é um caso isolado, autônomo. Para identificá-lo e descrevê-lo, os rótulos e as posições políticas quase nunca funcionam. Karl Kraus era de direita ou de esquerda? E Orwell? E Simone Weil? Um dos acontecimentos negativos mais interessantes da segunda metade do século XX foi a dificuldade que os intelectuais politicamente engajados e os estudiosos acadêmicos tiveram de aceitar esses autores, de reconhecer sua importância política, seu valor intelectual e literário. A crítica social e cultural exercida individualmente permanece sem espaço. É considerada não pertinente e, por isso, suspeita. Não é apenas questão de rótulos políticos: entra em jogo também a questão dos campos profissionais e disciplinares. O que é Kraus? Um escritor satírico? Um filósofo da sociedade? Um moralista da linguagem? Um liberal ou um anárquico? E Orwell? É apenas um romancista secundário? É um jornalista libertário? Um cientista político? E Simone Weil? Uma mulher muito singular? Uma espécie de santa revolucionária e antirrevolucionária? Seus escritos devem ser considerados seriamente filosóficos ou somente moralistas e privados?

Seriam esses três críticos, no fim das contas, ressentidos? Sim, eram. Tinham uma vida privada infeliz? Sim, às vezes. Problemas sexuais e sentimentais? Não se pode negar. Inserção social difícil? Sem dúvida. E por tais razões não tem valor objetivo aquilo que eles escreveram e pensaram?

Dei poucos exemplos. Para demonstrar o quê? Que os intelectuais não devem ser sempre – na verdade, quase nunca – considerados como classe social e como grupo.

Frequentemente, nos casos melhores, trata-se de indivíduos inclassificáveis, e sua vulnerável força está nisso.

Capítulo 3

Escritores e política

«For poetry makes nothing happen», porque a poesia não faz nada acontecer. Em seu poemeto «Em memória de W. B. Yeats», escrito em 1939, Wystan Hugh Auden, o mais conhecido dos poetas ingleses engajados, concluía com essa peremptória afirmação a década na qual parecia impossível a todo e qualquer intelectual fugir da política. Poeta cerebral, teatral, ironicamente indiferente e zombeteiro, ou, melhor dizendo, intelectualmente apaixonado, Auden separava dessa maneira, com um golpe de lâmina, a poesia da política, o escritor-intelectual do intelectual-político: entre eles nenhuma comunicação era possível, habitantes como são de dois universos diferentes. O escritor manipula imagens mentais, trabalha com as palavras e com as ideias. O político manipula outros seres humanos, tenta modificar o comportamento.

Em um singular ensaio aforístico permanecido inacabado e inédito que Auden começou a escrever no mesmo ano, logo após a invasão nazista da Polônia, foi proposta uma acurada distinção entre três tipos: o político, o apolítico, o antipolítico. O político, escreve Auden, é sociável e esportista, moral, mas sua ascensão social não é excessivamente rápida. O apolítico mostra pouco interesse pela sociedade, pelos outros e pelo Estado: tenta evitar problemas, quer ser deixado em paz, permanece na sombra, é um anarquista verdadeiro, mas ajuizado. O antipolítico, por fim, está em conflito com os valores estabelecidos, o esporte não lhe interessa, seria um apolítico se os valores socialmente difusos não o incomodassem. Existe também o antipolítico ambicioso e competitivo: seu anarquismo inicial (ou aparente) é apenas um meio para atingir um fim político. Uma vez obtido o poder, pode se transformar ou em um reformador ou em um tirano.

Especializado em tipologias, Auden teve com a política uma relação politicamente superficial, de observador mais que de militante. Participou da Guerra Civil Espanhola apenas durante um breve período como motorista de ambulância (tarefa não particularmente violenta).

Mas no poemeto de batalha «Espanha 1937» escreveu de «assassínio necessário». Uma expressão desse tipo, observou George Orwell, só poderia ser escrita por uma pessoa para a qual o assassínio não é nada mais que uma palavra. Em um ensaio de 1940, *Dentro da baleia*, o comentário orwelliano continua, sem piedade, assim:

> Os Hitlers e os Stálins acham o assassínio necessário, mas o suavizam utilizando termos mais brandos, como liquidação ou eliminação. O tipo de amoralidade de Auden é possível somente quando se é o tipo de homem que se encontra em outro lugar no momento em que alguém aperta o gatilho.

Como se vê, em matéria de relações morais e literárias com a política, os dois mais famosos escritores ingleses dos anos 1930 não compartilhavam dos mesmos pressupostos. O caso não é raro. Entre um poeta-filósofo como Auden e um jornalista-escritor como Orwell não poderia existir um bom terreno comum de compreensão, e as experiências pessoais dos dois, também na Espanha, foram diferentes. Mas o próprio Auden mostrou, mais tarde, que compartilhava das críticas de Orwell, concluindo que, ao olhar as coisas com mais atenção, entre um intelectual e um político dão-se apenas equívocos e instrumentalizações recíprocas (nas quais, aliás, é sempre o político que leva a melhor).

Auden julgou a própria experiência de poeta de esquerda um deplorável parêntese. Orwell, pelo contrário, menos culto e sofisticado, escreveu aquilo que permanece provavelmente a melhor reportagem política do século, *Homenagem à Catalunha*: o diário de um socialista que na Espanha se transforma em anti-comunista, um livro pouco lido e ainda hoje pouco amado pela esquerda mundial.

Os anos 1930 parecem e são distantes. Mas, entre mal-entendidos, cegueiras propositais e esclarecimentos tardios, é a partir do decênio de Stálin e Hitler, de Mussolini e Franco, que a política como crime sistemático e «homicídio necessário» passa a ser, para os intelectuais, uma experiência decisiva e trágica (uma experiência que o marxismo neorrevolucionário dos anos 1960 deseja esquecer, autocondenando-se à retórica e à farsa).

No importante ensaio *A primeira raiz*, escrito durante os anos da guerra, Simone Weil (ela também combatente antifranquista e em seguida desiludida da esquerda) teoriza a necessidade de uma reviravolta dos valores ético-políticos ocidentais, visto que a idolatria de uma falsa «grandeza» histórica envenena todo pensamento político europeu e une a antiga Roma, Luís XIV, Napoleão e Hitler:

> Fala-se de punir Hitler. Mas não é possível puni-lo. Ele desejava apenas uma coisa e a obteve: entrar, estar na história. Quer seja morto, torturado, aprisionado, ou humilhado, a história estará presente para proteger sua alma [...] Qualquer coisa que lhe seja infligida, tratar-se-á de uma morte histórica, de um sofrimento histórico: será história [...] A única coisa capaz de punir Hitler será uma completa transformação da ideia de grandeza que necessariamente o exclua.

Assim, Orwell e Simone Weil, os maiores e mais originais escritores políticos do século passado, demonstraram-se tais justamente na capacidade de descrever e julgar a política de um ponto de vista externo a ela. Não se encontrará jamais em Orwell e em Weil nenhuma identificação com a classe política e com as elites dirigentes.

Para o sociólogo e o político, os intelectuais são uma categoria, uma série de corporações e de grupos de pressão. Desse modo, no século da política, das ciências sociais e da tecnocracia, os próprios intelectuais começaram a se ver como uma entidade coletiva. Foram avaliados e estudados como papel e função social, ou instrumento útil em vista de objetivos políticos. Quiseram se sentir especialistas, funcionários, organizadores e, por fim, políticos.

De Max Weber a Gramsci, essa visão sociológico-política e anti-individualista dos intelectuais sobre si mesmos chegou até escritores como Franco Fortini. Mas não se poderia esquecer que, mesmo na qualidade de produtos sociais, os intelectuais são e funcionam sobretudo como indivíduos. Sua atividade e maneira de ser consistem em uma valorização pública do indivíduo. Defendendo a si mesmos defendem, de fato, queiram ou não, a individualidade de todos, os espaços da liberdade (e também da solidão) de que um indivíduo necessita para viver.

A crítica social não nasce de um vazio de motivações pessoais: nutre-se de desconforto, sofrimentos e idiossincrasias. Entre os diagnósticos mais perspicazes da vida contemporânea encontram-se não apenas escritores antipolíticos, mas, notoriamente, antissociais, como Karl Kraus, Ortega y Gasset, Adorno, Canetti, Anders, Montale, Gadda, Pasolini. Pouquíssimos cientistas sociais descreveram como eles a mistura de bem-estar e de horror na qual vivemos. Sua crítica é politicamente desarmada. Pode-se obter sucesso como se viu com Pasolini, mas não tem efeito. Assim como a poesia, a crítica «não faz acontecer nada». Não muda o mundo. Dele faz parte.

Capítulo 4

Direita e esquerda na literatura

I

Há quem negue que seja possível definir direita e esquerda até mesmo em política. Em literatura, então, seria um simples absurdo. Atualmente, nos países democráticos, os escritores são sobretudo cidadãos que votam e algumas vezes jornalistas que expressam sua própria opinião nos jornais. As criações literárias, entretanto, não obedecem completamente às vontades políticas de seus autores. Em pelo menos um sentido são mais ambíguas: podem abarcar (e nos melhores casos abarcam) muito mais coisas do que aquelas que servem para se alinhar politicamente, muito mais coisas, inclusive, do que aquelas que os autores pensam como cidadãos e comentaristas.

A ideia que temos das obras literárias como objetos culturais irredutíveis a um só significado e a um sistema de ideias, ainda que possa ser apenas um mito teórico, captura, no entanto, um aspecto da realidade literária e exprime uma vontade legítima: a de que nem toda nossa imaginação e nem todos os nossos pensamentos possuam ou tenham de possuir uma relação com a realidade social presente, muito menos com as opiniões políticas, e menos ainda com as disputas políticas momentâneas. A política não abarca todos os pensamentos de um indivíduo, talvez nem mesmo os de um político profissional. Uma infinidade de atividades sociais continua a seguir seu próprio curso de forma autônoma, ignorando quase sempre quem governa e quem é oposição. Os escritores, e no geral os intelectuais e os artistas, mesmo quando se esforçam para compreender e definir o presente não o fazem com as categorias, as preocupações, a linguagem que imperam na atividade propriamente política (no Estado, nos partidos, nos movimentos sociais).

A política não apenas não é tudo, mas atualmente, nos países mais ricos, nos quais as regras formais são *grosso modo* respeitadas mesmo nos embates mais intensos, a política é pouco. A maior parte dos cidadãos acha a política algo tão aborrecido, complicado, repetitivo que prefere pensar em outras coisas até mesmo quando é solicitada a exercer seu direito de voto. Desde que não se torne uma ameaça direta e não invada a vida cotidiana mexendo com sua estabilidade, a política permanece um objeto remoto pelo qual as pessoas se interessam apenas quando oferece um espetáculo cômico. Hoje em dia, a política (por exemplo, na Itália, mas não apenas) corre o risco de se tornar tão aborrecida que para manter o público – ou seja, os eleitores – ligado se faz de tudo para transformá-la em um espetáculo cômico, com máscaras, intrigas, bate-bocas, zombarias. Desse modo, políticos e jornalistas, principalmente na televisão, ajudam-se mutuamente, tornando-se, assim, reciprocamente interessantes. A realidade está em outro lugar.

Mas o espetáculo político-televisivo inventa uma ficção: tenta competir com os campeonatos de futebol e a Fórmula 1, corteja seu público e oferece ao debate democrático atrativos e popularidade que por si só não teria.

II

A literatura dificilmente vira espetáculo. Seu potencial comunicativo é escasso e sobretudo secundário. Raramente os escritores são estrelas.

A televisão não combina muito com os livros. Além disso, servir literariamente uma parte política não é para todos. Nisso os jornalistas se saem melhor que os romancistas e poetas. Os filósofos se tornam influentes somente quando deixam (em política) de ser filósofos e passam a dizer coisas que qualquer um poderia dizer. Para tornar-se útil e eficaz no confronto político entre direita e esquerda, ou entre quem governa e quem é oposição, o escritor deve tornar-se outra coisa, uma coisa que não é. As formas propriamente literárias que podem ser usadas não são muitas: além do libelo, que exprime ódio e hoje em dia não é moda, restam a sátira e a reportagem. Mas, atualmente, com essas formas estamos próximos do teatro e do jornalismo: duas linguagens que atingem realmente o grande público somente quando usam como veículo de comunicação a televisão. Quem tem em mãos a televisão pode ver a literatura com benévola indiferença. Para que as ideias de um escritor se tornem socialmente influentes e temíveis é necessário que algum grupo político detentor dos meios adequados decida usar, para os próprios fins, as ideias e a imagem desse determinado escritor. É cada vez mais difícil que um escritor ganhe peso político graças a seu próprio estilo literário.

A literatura não é um meio de comunicação de massa, a não ser que se manifeste na forma de um *best-seller* de longa duração.

III

Naturalmente as coisas nem sempre foram assim. No passado, à literatura eram concedidos alguns privilégios a mais. Da metade dos anos 1700 até meados dos 1900 a literatura não descuidou absolutamente da distinção e da oposição entre direita e esquerda. A primeira literatura de esquerda foi a dos iluministas, que atuaram como «filósofos militantes» inserindo na relação entre literatura e política uma nova consciência. Sim, é verdade, os profetas bíblicos, as cartas de São Paulo e a *Comédia* de Dante podem entrar em um *senso lato* ou impróprio na categoria de «literatura militante». E, quando um filósofo como Sócrates é processado e condenado à morte por crimes filosóficos, é impossível não perceber as implicações políticas da utilização social do pensamento crítico. O que vale também no caso de Giordano Bruno, se pensarmos na força simbólica que sua história teve. Mas foi com o Iluminismo que essa tradição começou a ser interpretada, adquirindo um significado na luta entre Razão e Autoridade. Com os iluministas a escuridão está à direita, a luz que se deve levar à sociedade, à esquerda. Todos aqueles que no passado haviam antecipado, preparado, profetizado a modernidade lutando contra qualquer manifestação de dogma, do *ipse dixit* e da obediência foram considerados daí em diante exemplos, precursores e mestres. A partir dos anos 1700 o caminho da liberdade de consciência e de pensamento, a favor de todos, pela liberação dos «servos» de seus «senhores», foi contado como uma épica da modernidade que avança e do progresso que guia a história.

A relação entre direita e esquerda na literatura é, como se pode observar, relativamente recente, tendo pouco mais de dois séculos. A partir do momento em que a política, com a Revolução Francesa, se tornou a obsessão ocidental, é compreensível que tenha obcecado, em um sentido ou em outro, até mesmo a literatura e a categoria dos *hommes de lettres*. A sociedade moderna, como sociedade em perene desenvolvimento econômico e político, começou a viver de luta entre passado e futuro, conservação e progresso, revolução e reação, poder e liberdade, elites dominantes e maiorias reprimidas ou subalternas, camadas privilegiadas e classes oprimidas. A velocidade e a globalidade desse dinamismo social impediam que fossem concebidas atividades e dimensões da vida alheias e imunes, não envolvidas na «dialética histórica». A literatura, por sua vez, não podia e não queria ser nem alheia, nem imune. Sentia-se diretamente, ativamente envolvida. Arrastando-a havia ao menos três forças: filosofia, política, sociedade.

IV

Filosofia. Foi principalmente a filosofia da história, uma filosofia especialmente idônea ao dinamismo global da modernidade, a pôr contra a parede os escritores, os romancistas, os dramaturgos, os poetas e os críticos. O historicismo, com suas variações em competição entre si, conseguiu sobreviver a todas as críticas. Adequou-se às críticas, englobou-as, e ainda continua a ser a filosofia imprescindível, mesmo que implícita, de nossas sociedades desenvolvidas e em contínuo desenvolvimento. Mesmo quando sentimos vergonha ao ainda usarmos a palavra «progresso», tão cheia de subentendidos morais, utópicos, pedagógicos e humanísticos, a essência permanece a mesma.

O imperativo é seguir em frente, modernizar-se, crescer, produzir mais, desenvolver-se. Torna-se motivo de apreensão quando as taxas de crescimento sofrem uma branda diminuição, um pequeno revés ou, ainda, uma insignificante desaceleração. Mas há quem tenha sublinhado o fato de que entre desenvolvimento econômico e progresso civil, cultural e político não exista absolutamente uma relação de proporção direta. Mas a verdade é que geralmente se é reticente em distinguir as duas coisas como dois aspectos não necessariamente unidos pela história. Não há notícia ou comentário na televisão ou nos jornais que não nos diga que caminhamos e que temos de caminhar em direção ao melhor produzindo mais e consumindo mais, que esta e somente esta é nossa história e que ela não para.

A literatura levantou algumas objeções à filosofia da história e à teoria do progresso, mas com certa prudência. E quem questiona essa filosofia vem automaticamente catalogado à «direita», quando não se autodefine como «de direita». A filosofia da história não apenas tinha pressupostos teológicos, como explicou Karl Löwith, mas esse substrato teológico se percebe ainda hoje: a história permanece ainda a divindade mais adorada. Essa situação, nos comportamentos humanos atuais, nem precisa mais ser fundamentada ou justificada por uma filosofia propriamente dita. No lugar da filosofia existem, em plena e mais atraente atividade, os meios de comunicação e as modas. A novidade que avança e que nos obriga a abandonar as coisas velhas e a distanciar-nos do passado chega-nos todos os dias travestida de *news* e publicidade.

As modas dominam até mesmo na assim chamada alta cultura. Enjoa-se rapidamente de uma metodologia, de uma teoria, de uma terminologia, de um estilo, de um assunto, de um problema: e isso acontece por motivos não sempre claramente justificados por mudanças reais. A cada estação se esquece e se inicia algo novo. É natural que seja assim. Às sociedades e às culturas que abrem mão da metafísica só resta crer na mudança e em sua máscara consoladora: o progresso. A evidência de que essa concepção progressiva de filosofia da história ainda opera e condiciona toda nossa mentalidade é o fato de que nenhum historiador admitiria seriamente que com o passar do tempo as coisas, de modo geral, tenham piorado, e que valeria a pena não mudar e permanecer como se estava. Não avançar na velocidade prevista e prescrita é classificado peremptoriamente como «regressivo». As nostalgias e recriminações que vão na direção oposta podem ser formuladas e expressas somente como sentimentos individuais (no limite da patologia melancólica) ou como sonho, assunto e temática de pertinência e âmbito literário.

A verdade é que os escritores modernos se aproveitaram amplamente, talvez excessivamente, do direito de amar o passado e de não acreditar no progresso. Não é necessário esforçar a memória para achar exemplos. A melhor literatura moderna é violentamente ou moderadamente antimoderna, repleta de nostalgia e desconfiada em relação ao futuro. Para Giacomo Leopardi, após Homero a literatura não teria feito progressos, era ininterruptamente deteriorada. Todos nós na escola ouvimos falar de suas ásperas críticas àqueles que acreditavam nas «magníficas venturas do progressismo». Eram repetidamente citadas como provérbios do antiprogressismo, mas sem serem levadas muito a sério. O marxista e vanguardista Eduardo Sanguineti ao menos foi sincero e coerente com seus próprios pressupostos teóricos e intitulou seu ensaio *Leopardi reazionario* [Leopardi reacionário]. Mas como não considerar esse «reacionário» um clássico da literatura moderna, um típico poeta-filósofo moderno graças a sua sutil, obsessiva crítica da civilização moderna? Como alternativa permanecem as artimanhas da estética de Marx, que ele mesmo utilizou em Balzac, romancista politicamente de direita, mas literariamente de esquerda. Leopardi também era literariamente muito moderno, mesmo tendo algumas ideias conservadoras, sendo contrário à Revolução Francesa e ao progressismo liberal.

Entretanto, separar rígida e metodicamente as ideias de um escritor (ideias atentamente meditadas e encarnadas com convicção) do espírito de suas obras estritamente literárias é um método na realidade não muito convincente. Para que se possa usar esse método, há que pensar que as ideias para um poeta são bagatelas, que não influenciam profundamente sua imaginação e visão do mundo, que exprimem apenas a parte menos evoluída e mais rudimentar de seu cérebro, enquanto a criação literária, maravilhosamente livre das ideias, saberes e opiniões, nasceria em um território separado, confinada, politicamente inofensiva, na qual vigora o que Lukács definiu como «a honestidade superior do artista». O mesmo raciocínio vale para autores universalmente admirados, estudados e venerados como imprescindíveis pilares da modernidade literária: por exemplo, Baudelaire, Flaubert e Dostoiévski. Todos os três revolucionaram (mesmo escandalosamente) seus próprios gêneros literários. Além disso, exercitaram dentro e fora de suas principais obras uma atividade crítica agressiva, pungente e satírica em relação à modernidade, à burguesia onipresente, às filosofias progressistas, aos grupos revolucionários, aos literários de vanguarda. Ivan Karamazov define Smerdjakov como «carne de vanguarda»; para Baudelaire, a «corja literária» é hegeliana e o verdadeiro progresso não é nunca fruto da técnica, mas da «diminuição dos vestígios do pecado original».

A filosofia da história como progresso ininterrupto convenceu pouco os escritores modernos. O próprio adágio de Rimbaud, *Il faut être absolument moderne*, possui uma grande força revolucionária, mas o radicalismo da renovação pretendida é individualista e apocalíptico, tem pouco a ver com o movimento coletivo da humanidade inteira do pior ao melhor, das trevas à luz, da opressão à libertação social que fez a sorte da ideia de progresso.

Já as vanguardas dos anos 1900, do futurismo ao surrealismo, são o fruto de uma filosofia da história baseada na contraposição axiológica entre passado e futuro, entre velho e novo. A arte moderna torna-se, nos escritos de vanguarda, por definição (por autodefinição), «de esquerda», até mesmo mais de esquerda que os partidos políticos podem ser. A vanguarda antecipa o futuro, antecipa a utopia em direção à qual a história está lentamente (muito lentamente) caminhando. A vanguarda, em todo caso, é, em suas variações, uma ideologia que nasce das vísceras do historicismo e do progressismo. É, no máximo, sua versão paroxística, o instinto infantil.

Como ideologia da arte moderna, todavia, a vanguarda trai aquilo no qual seus precursores solitários e seus companheiros de estrada, igualmente sozinhos, demonstravam acreditar.

Proust, Pirandello, Kafka, Joyce não se empenhavam em transformar a (própria) literatura para fazer que ela «progredisse» em direção ao futuro, mas simplesmente para torná-la aceitável e «verdadeira» no presente. Não eram propriamente autores de vanguarda. Não teriam jamais aceitado submeter-se a um manifesto programático, muito menos a uma práxis artística de grupo.

Mas, como se sabe, nem mesmo ser ou desejar ser «revolucionário» a todo custo e *partigiano* do futuro foi suficiente para garantir uma posição na esquerda da literatura. Se Maiakovski aderiu ao

bolchevismo, Marinetti aderiu ao fascismo e anteci-
pou a arrogância ativista, levando para a arte um espírito de partido, se não de seita ou bando.

Do filósofo Francis Bacon ao líder surrealista
Breton, o primeiro preceito moderno permanece o
mesmo: é imperativo liberar a mente dos pensamentos já pensados, purificá-la dos prejulgamentos e das
convenções. Deve-se dar à experiência individual e
direta do presente uma forma inteiramente nova e
mais livre: tão livre, nos anos 1900, que ultrapasse
qualquer ordem lógica e qualquer coerência expres-
siva ou representativa. A «escritura automática» prescrita pelos surrealistas é uma técnica de associação
livre de imagens e de palavras que cancela toda técnica literária precedentemente elaborada. Desejando
ser freudiano ou trotskista, programando a liberação
do inconsciente e a revolução permanente, o surrealismo é um dos últimos projetos literários organica-
mente «de esquerda». Seu prestígio parece não ter se
exaurido ainda completamente, tendo influenciado a
beat generation, a *pop art*, a *pop music,* a publicidade
televisiva, os métodos pedagógicos antiautoritários e
talvez até mesmo o terrorismo.

O humanismo progressivo de matriz socialista
e marxista flui paralelo ao vanguardista, com alguns

pontos de convergência paradoxais, mas com um andamento mais coerente. O marxismo tornou-se, nos anos 1900, a mais potente filosofia da história, alternando reformas e revoluções, progressos graduais e saltos revolucionários no vazio. Em todo caso, a teoria garantia o desenvolvimento necessário e o êxito final positivo, graças à ação de partidos filósofico-políticos magistralmente organizados com a finalidade de controlar comportamentos individuais e de massa, sempre dosando ações táticas com perspectivas estratégicas. Visto que as vanguardas artístico-literárias (ou partidos políticos da arte) ofereciam poucas certezas, consequência de suas clamorosas oscilações de um campo político oposto àquele, a melhor garantia de *ser de esquerda* para os escritores dos anos 1900 veio por meio da adesão teórica ao marxismo e política aos partidos comunistas.

Os problemas e as grandes confusões chegaram com a Terceira Internacional e o stalinismo. Uma vez no poder, os marxistas revolucionários monopolizaram a interpretação da consciência da classe operária, a crítica à burguesia, ao capitalismo, e o sentido do futuro real, ou seja, cientificamente previsível para além das diversas utopias estético-burguesas. Foi com o fim do comunismo que a filosofia da história terminou, abrindo caminho para uma menos exigente, implícita na publicidade progressista que o capitalismo faz a respeito de seu próprio desenvolvimento tecnológico e produtivo. Hoje em dia, os capitalistas são mais progressistas do que qualquer comunista, sejam velhos ou novos.

Nada insólito se pensarmos que o progressismo científico-revolucionário de Marx era uma versão mascarada, pedagogicamente correta a favor dos operários, do progressismo fisiológico do capital. Voltará sempre episodicamente, e em novas formas, a velha ambivalência da *forma mentis* marxista: um violento amor-ódio pelo capitalismo como única forma de modernidade.

V

Política. Essa miscelânea nos obriga a dar um passo para trás. A dificuldade de distinguir entre esquerda e direita nasceu com a chegada do stalinismo. Contra a Rússia bolchevique e depois stalinista nasceram o fascismo e o nazismo. O conflito político e ideológico tornara-se tão brutal, a ponto de transformar todos aqueles que demonstrassem incertezas em relação às boas intenções dos comunistas e de seus métodos em personagens suspeitos. A linha antifascista era fortalecida somente se as culpas de Stálin não fossem evidenciadas. A unidade da esquerda implicava que internamente os comunistas, mesmo que teleguiados de Moscou, fossem aceitos como amigos, e não como inimigos da liberdade e da democracia. Entre todas as contradições e todos os nós na relação entre esquerda e direita, a questão comunismo-stalinismo foi a mais difícil de desembaraçar. Os anos *entre deux guerres*, mas mesmo mais tarde, as décadas da guerra fria, foram aqueles nos quais a questão sobre se a própria literatura seria ou poderia ser lida como de direita ou de esquerda não era simplesmente um falso problema, e tanto menos uma manifestação de vaidade mundana ou de simples neurose.

De um lado, havia o marxismo, os partidos fortes, influentes e organizados no movimento operário decidindo aquilo que era *realmente* de esquerda e que coisa, ao contrário, estava a serviço do inimigo de classe. Essa presença ativamente discriminante introduzia nas questões político-literárias uma clareza desconhecida nos anos 1800. Mas, do outro lado, marxistas e comunistas que se encontravam no poder na União Soviética (e sucessivamente na Europa Oriental) haviam instaurado um regime autoritário, despótico, imperialista, que sem nenhuma tendenciosidade poder-se-ia definir de direita. Mussolini e Hitler haviam conquistado o poder guiando movimentos «revolucionários» anti-burgueses e anticomunistas, em cujas ideologias se mesclavam o mito da modernidade, o mito do império romano e o do medievo germânico. Stálin utilizara a máquina de guerra que era o partido bolchevique para transformar uma revolução proletária em um Estado totalitário.

Nas décadas centrais dos anos 1900 a inteligência política de um intelectual e de um escritor era determinada segundo a capacidade de compreender em tempo o que era o fascismo, o stalinismo e o nazismo. Os autores que souberam fazê-lo e que escreveram seus melhores livros para difundir uma imagem realística e honesta da realidade política são vistos, ainda hoje, com irritação ou desconfiança. Entre esses escritores, os mais famosos são Ignazio Silone, George Orwell, Arthur Kostler, Simone Weil, Albert Camus. Evidentemente, ser de esquerda e, ao mesmo tempo, crítico da política comunista, da teoria marxista e da ideia de revolução era algo que não dava muita popularidade e deixava quase todos um pouco insatisfeitos. Ter uma postura crítica em relação à esquerda, sem por isso passar à direita, ser usado pela propaganda de direita continuando a criticar a cultura burguesa e a sociedade capitalista não fazia parte do jogo.

Na esquerda há mais intelectuais dispostos a aceitar o filofascismo de Ezra Pound e o filonazismo de Martin Heidegger, a retórica comunista de Brecht ou de Neruda, que reconhecer a importância, seja política ou literária, de Orwell ou de Weil. Nesse caso, a dificuldade de catalogar rigidamente no âmbito da esquerda ou da direita um escritor produz uma espécie de paralisia do juízo. Permanece o fato de que os escritores politicamente mais geniais dos anos 1900 deixam bastante indiferentes os acadêmicos e continuam irritando os políticos e os cientistas políticos. A triste conclusão é esta: o escritor que consegue compreender melhor e descrever com maior precisão os fenômenos políticos que abarcaram milhões de pessoas é considerado um traidor, um desertor, ou um intruso, seja pelos profissionais da política seja pelos profissionais da literatura. Quando se deseja o sucesso, ser um verdadeiro escritor político não é conveniente, visto que acaba por não ser considerado nem um verdadeiro escritor nem um verdadeiro político. Direita e esquerda, nesse caso, unem-se alegremente para negar a evidência desde que os estraga-prazeres fiquem fora da festa.

VI

Sociedade. Qual tipo de literatura é valorizado e lido pela maioria? Para que servem as elites literárias? Os escritores devem representar a sociedade na qual vivem? Ou, ao contrário, devem escapar, ignorá-la, negá-la? A literatura isola os indivíduos ou cria mitos coletivos? Deve ser aristocrática ou popular? Falar para poucos ou destinar-se ao grande público?

Mesmo não fornecendo diretivas e regras de comportamento, a sociologia da literatura estudou e continua a estudar esses problemas. Nos últimos tempos, no entanto, não apenas a maioria dos leitores, mas também a maior parte dos estudiosos demonstram uma acentuada simpatia pela literatura que vende muito, pela literatura de massa e de consumo, pelo *best-seller* que supera as barreiras da elite intelectual e consegue penetrar no corpo da sociedade.

Já os poetas, até mesmo porque vendem pouco e não criam mercado, tornam-se cada vez mais anacrônisticos. Nos tempos que correm nenhum crítico ousaria escrever um estudo intitulado *Poesia e società*

[Poesia e Sociedade]: entre os dois termos não existe praticamente nenhuma relação, e, caso fosse necessário encontrar uma maneira de uni-los, dever-se-ia falar de uma sociedade de poesia ou de poetas, ou seja, uma espécie de cooperativa minúscula na qual os indivíduos destinados à solidão se empenham no recíproco socorro. A influência social (e logo política) da poesia é tão fraca como instrumento de crítica e de propaganda que até mesmo um poeta que tenha recebido o Nobel hoje parece uma nulidade em comparação a um cantor, mesmo que medíocre, ou a um cômico televisivo. E, na verdade, mesmo as vanguardas novecentistas mais petulantemente agressivas escondiam com dificuldade, fazendo um pouco de alarde, a consciência de que algumas artes, como a pintura e a poesia, corriam o risco de virar – em uma sociedade de massa – artes sem público natural e suficiente. Por isso, poder-se-iam ver os grupos de vanguarda, mais que os «partidos políticos da arte», como cooperativas de recíproco socorro criadas para limitar preventivamente os danos que poderiam acometer cada um deles singularmente em decorrência de um previsível isolamento ou falimento artístico. Mais que pelas próprias obras ou antiobras, a maior parte dos escritores de vanguarda tornou-se «historicamente» importante como manifestação exemplar de fenômenos culturais coletivos: e, por isso, típicos de uma época.

E assim, em algumas circunstâncias particulares, é principalmente a política que pode dar a um poeta o espaço de comunicação pública que sua obra dificilmente conseguiria obter por vias editoriais. Depois da Segunda Guerra Mundial parecia que os poetas eram, por definição, de esquerda. Hoje em dia, descobre-se se um poeta é de esquerda ou de direita por meio apenas de uma manifestação pública em forma de sátira ou de libelo, ou escrevendo em uma revista ou mesmo um jornal abertamente parcial. Os governantes, as classes dirigentes, as elites políticas já não têm necessidade dos poetas para aumentarem o próprio prestígio e para construírem a própria imagem pública. Desse modo, sem um público de massa e sem mecenas, a maioria dos poetas se sente como parte da imensa categoria dos marginalizados, dos desconsiderados, dos subpagos, dos sem poder.

Ainda hoje os poetas são «naturalmente» de esquerda, com a diferença de que quase ninguém percebe. Seu tradicional individualismo anarquizante os torna oximoros viventes: espécie de párias aristocráticos ou esnobes com mentalidade utopística e alguma simpatia populista.

A situação do romance é diferente. Apesar dos altos e baixos das vendas, ainda hoje se reconhece ao romance o papel de gênero moderno e popular. Se não o é, acredita-se que isso ocorra porque provavelmente está traindo as regras do gênero ou sua tradição. Recentemente foi defendida a ideia de que o romance e o mundo moderno são incompreensíveis um sem o outro, visto que o primeiro é o mais democrático dos gêneros literários, o mais flexível, o mais apto a responder às expectativas dos novos leitores: e foi, desde suas origens, um formidável instrumento de conhecimento e representação da realidade social (o personagem no romance torna-se narrável na condição de envolvido em uma vida de relações problemáticas).

É por isso que, exatamente ao contrário dos poetas, os romancistas são normalmente considerados de esquerda por via do gênero literário que utilizam, gênero útil para compreender melhor, se não resolver, aqueles problemas sociais que a esquerda política se propõe a combater. Assim, Marx admirou Balzac, Lênin admirou Tolstói, Lukács admirou Thomas Mann como modelo novecentista de realismo crítico.

Forçados a estudar pacientemente o mundo que os circunda, geralmente os romancistas são menos utopistas e menos ideológicos que os poetas, e mais propensos a aceitar a realidade como ela é. Talvez isso já seja suficientemente de esquerda: com a condição de que a esquerda não se nutra de utopias e ideologias e saiba ver a realidade social mais nitidamente do que a direita. Infelizmente, os romancistas italianos não explicaram satisfatoriamente as causas que levaram a Itália, em determinado período, a se tornar fascista. E não explicaram nem mesmo por que ela está abandonando paulatinamente, nos últimos dez anos, a esquerda. É provável que os prosadores italianos recentes tenham sido levados ao engano pelo fato de serem ou se sentirem de esquerda em um momento no qual a esquerda italiana começava a compreender sempre menos a si própria e aos «novos italianos».

VII

Expressando uma crítica frequentemente áspera em relação à burguesia, à sociedade industrial, à comercialização e mercantilização da cultura, a maioria dos grandes escritores modernos foi, como notado, antimoderna, antiprogressista, cética, não apenas em relação à sociedade de massa, mas também ao liberalismo (esquerda oitocentista), à democracia e ao comunismo (esquerda novecentista). Alguns dos baluartes do humanismo antifascista, como Benedetto Croce e Thomas Mann, eram conservadores. Isso para não mencionar os intelectuais que aderiram ao fascismo por razões de afinidade mais ou menos evidentes, como D'Annunzio, Pirandello, Marinetti, Ungaretti, Gentile; na Itália, de qualquer forma, até mesmo autores como Gadda e Montale foram mais conservadores que progressistas. Mais tarde, nos anos 1943-1945, foi a Resistência antinazista a endereçar à esquerda os intelectuais, transformando em antifascistas declarados muitos que até então não haviam sido.

Foi especialmente o antifascismo, entretanto, que engendrou, a partir de 1945 e por um longo período, uma visão particularmente conciliatória e idílica das relações entre esquerda e direita na literatura. O louvável fingimento se resumia a isto: que a melhor e mais autêntica literatura era sempre de esquerda mesmo quando poderia parecer de direita. O raciocínio funcionava mais ou menos assim: visto que a direita conservadora escolhera o fascismo por medo do comunismo e do socialismo, visto que qualquer tipo de direita era por isso suspeitável de filofascismo, visto que nenhum escritor de valor poderia ser realmente fascista a não ser por um equívoco, *ergo* que a melhor cultura dos anos 1990 havia sido, na verdade, de esquerda. Portanto, não tinha com que se preocupar: nem Pound, nem Eliot, nem Jünger, nem Benn, nem Céline, nem Ortega y Gasset, nem mais recentemente Borges eram essencialmente de direita, mesmo que pudessem parecer ou pensar ser. Eram, na verdade, de esquerda mesmo sem saber ou querer, porque graças às próprias obras haviam trabalhado em prol da cultura, aquela verdadeira, que ajuda a humanidade a progredir em direção ao futuro e a melhorar a sociedade.

Muito frequentemente, na verdade, os escritores modernos detestavam a política, ou seja, tanto a direita quanto a esquerda; mal aguentavam a proximidade quer com as elites quer com as massas, suspeitavam da burguesia, que conheciam bem, mas também do povo, que não lhes era familiar. Nos anos 1990 os escritores foram levados praticamente à força para a política pelo comunismo e pelo fascismo. E em certo momento, na segunda metade desses anos, quase todos tentaram ser ou parecer de esquerda, antiburgueses, anticapitalistas e também marxistas.

Mais à vontade nas discussões teóricas e no uso das ideias, aqueles que mais teorizaram nas últimas décadas a propósito da relação entre literatura e política foram alguns poetas. Entre os mais célebres de esquerda na Europa, a partir dos anos 1950, estavam Pier Paolo Pasolini e Hans Magnus Enzensberger. A poesia de ambos é frequentemente muito similar ao ensaísmo em versos; demonstrando uma notável capacidade dialética e retórica, os dois escrevem poesia como se escrevessem para o teatro, como se escrevessem anotações de diário ou reportagens. Pasolini publicou amplos poemetos civis ou «incivis». Enzensberger subtitulou «Poesias morais» as poesias reunidas em um de seus últimos livros, *Mais leve que o ar*. O gênero literário poesia tornou-se, pela pena deles, um instrumento capaz de adaptar-se a muitas ocasiões e a muitos temas. Em 1968, Enzensberger foi um dos pouquíssimos escritores alemães a conseguir instaurar uma relação de colaboração com o movimento dos estudantes, enquanto Pasolini, por sua vez, distinguiu-se como o único na Itália que os criticou abertamente. Pasolini, após sua morte, tornou-se um objeto de culto um tanto hipócrita no âmbito da esquerda italiana: seus últimos escritos «corsários» e «luteranos» são um virulento ato acusatório contra a classe dirigente, contra os partidos e contra a burguesia italiana, sem distinção de inclinação política: o pecado mortal imperdoável deles foi, para Pasolini, ter «modernizado» o país instaurando um novo e ainda mais perigoso fascismo, um regime dos consumos que equivale a um verdadeiro e próprio *genocídio cultural* de todas as classes e tipos humanos não homologados ao homem médio neoburguês e consumista.

Difícil imaginar algo mais antimoderno e antiprogressista em um escritor de esquerda. E é igualmente difícil imaginar aquilo em que poderia ter se transformado uma esquerda que houvesse tido a capacidade de escutar e levar a sério aquele que fora um de seus autores mais apaixonadamente fiéis. As ideias, os diagnósticos, as visões de Pasolini não são, obviamente, uma teoria que se deva colocar politicamente em prática. Como se vê, trata-se, uma vez mais, de um exemplo no qual é evidente que justamente aquela literatura mais política é também aquela politicamente mais inútil e mais incômoda.

Apesar de não ser tão passional e apocalíptico, Enzensberger não foi menos radical em seu ceticismo antiprogressista. No Ocidente, vivíamos, apesar de tudo, na realidade social mais cômoda, protegida e idílica que a história humana havia produzido. Pode acontecer que a prazerosa redoma que criamos para nossa vida cotidiana receba a visita de suaves pesadelos e frequentes fobias: todavia, no imenso *Titanic* da civilização desenvolvida na qual embarcamos, não se poupam meios para nos fazer acreditar que continuamos a navegar progressivamente em direção ao aperfeiçoamento da espécie humana, mesmo que com isso a transportemos, se preciso, ao «pós-humano».

Como se sabe, o *Titanic* em 1912 se chocou contra um *iceberg* e afundou, ainda que algo similar não fosse, de algum modo, previsto e parecesse até mesmo impossível. Esse aspecto perpassa quase toda a obra poética de Enzensberger, que nos narra esse episódio no poema *Der Untergang der Titanic* (1978). Não despreza aquilo que conquistamos graças à obra de uma multidão de heróis do progresso ocidental, que, vistos de perto, muitas vezes parecem tipos paranoicos (o perfil deles foi reunido por Enzensberger em seu livro *Mausoleum*). Não se pode falar mal do

conforto e das liberdades com que fomos brinda-
dos pelo progresso. Mas o culto ao progresso não é,
há muito tempo, um patrimônio exclusivo nem da
direita nem da esquerda. É preciso apenas não exage-
rar na marcha otimista em direção a um futuro ima-
ginado sem dúvida melhor. É preciso, também, ver
o que há fora de nosso potente e irrefreável *Titanic*.
Para não colidir com o próximo *iceberg*, mais invisível, é preciso ter em mente que o progresso não é
tudo, nem tudo é progresso, para cada coisa que se
ganha uma é perdida: não é aconselhável cultivar a
ilusão de que o mar da realidade, no qual navegamos, esteja sob controle.

Capítulo 5

Como ensinar literatura moderna?

Não sei como os outros professores conseguem conter ou neutralizar a demoníaca energia individual da literatura moderna. Para mim, é difícil.
Lionel Trilling

Discorrer sobre o ensino da literatura moderna é também um modo de espraiar-se pela relação entre literatura e sociedade. Mas, obviamente, dentro de uma sala de aula ou de uma universidade, quando um professor abre um romance, um livro de poesia ou, mais frequentemente, uma antologia ou um clássico cheio de anotações e começa a ler, tentando de todas as maneiras conquistar a atenção de vinte ou cem estudantes, nesse momento acontece algo decisivo para a relação entre a literatura e a sociedade.

É necessário dizer que nem sempre as coisas acontecem da forma que seria desejável.

Muitas vezes as peças do tabuleiro (professores, estudantes, livro) não conseguem estabelecer uma relação que não se dê por meio do enfado ou por um sentimento, ainda que com boa vontade, de obrigação. As reações bioquímicas e culturais esperadas quando uma obra literária entra em contato com um público de leitores, na escola e na universidade, ocorrem somente por acaso ou milagre.

Se o catalisador que deveria ser o professor não age e deixa de exercer sua função, em vez de facilitar e favorecer o encontro de um texto com um grupo de leitores, impede-o. E assim a mensagem na garrafa, que pode ser *Guerra e paz* ou *O processo*, permanece encerrada e continua sua triste navegação no desconhecido.

Mas é possível que seja diferente? É essa a missão, o objetivo, a realidade do ensino? É possível realmente que o encontro entre literatura moderna e leitores ocorra, possa ocorrer, no ensino? É nesse momento que se dá o encontro livre, autêntico, sem limites e preconceitos e sem objetivos preestabelecidos, entre obras da literatura moderna e jovens no papel de estudantes? Sim e não. Porque, por um lado, universidades e escolas são utopias e ilhas culturais, lugares nos quais se pode exercer uma liberdade que em outros locais é ainda mais difícil; por outro lado, são alienantes, gaiolas e prisões das quais se deve escapar, reguladas e controladas por uma categoria de guardiões que prometem algo maravilhoso – a cultura –, do qual eles, principalmente, parecem saber muito pouco.

Assim, em uma instituição que raramente consegue assemelhar-se a uma utopia cultural, enfrentam-se uma casta de funcionários ou burocratas interessados, acima de tudo, na própria autorreprodução, e uma categoria de clientes que usarão autores e livros como se fossem obstáculos a serem superados na própria corrida, essencialmente infeliz, em direção ao sucesso escolar.

Se ainda hoje muitos de nós continuamos a nos interessar pelos problemas do ensino é justamente para tentar remediar os danos produzidos pela instituição na qual transcorreram muitos anos de nossa vida, antes como estudantes e depois como docentes. É a lembrança da frustração que nos move. Ainda hoje, pessoalmente, não consigo perdoar as instituições formadoras por sufocar ao próprio interno as possibilidades de utopia cultural, de comunicação intensa e livre, e as promessas de felicidade mental que deveriam constituir de fato sua razão de ser e de existir.

Antes de abandonar a universidade por enfado e por náusea, ensinei literatura moderna e contemporânea por aproximadamente vinte anos, e devo dizer que o fiz com certa paixão.

Não porque amasse o papel de docente como tal (ser chamado de «professor» ainda hoje me causa certo arrepio de desconforto: penso no desprezo sarcástico com que o tchekhoviano Tio Vânia chama «*Herr* professor» seu cunhado). A paixão era intermitente, mas voltava sempre que eu colocava os pés dentro da sala de aula. Ainda que um segundo antes sentisse preguiça e pouco entusiasmo, a simples visão dos estudantes prontos para escutar o que eu leria e comentaria com eles fazia ressurgirem imediatamente minhas melhores expectativas. Eu não podia decepcioná-los, não podia frustrar suas melhores expectativas. Tanto menos podia fazer uma afronta imperdoável aos autores que eu leria, tornando-os, com minha mediação didática, enfadonhos ou pouco interessantes.

Sempre pensei: entediar (ou atormentar) os estudantes (jovens seres humanos nos anos mais vitais e vulneráveis da própria existência) usando obras-primas da literatura, da filosofia, das artes é um crime cultural que deveria ser punido judicialmente. É como desfigurar um quadro ou amputar uma estátua em um museu. Quando dentro de uma sala de aula se lê, se comenta, se interpreta um autor, acredito que principalmente quem ensina deveria fazer um pequeno, mas fundamental, esforço de imaginação: deveria visualizar a presença do autor em carne e osso, vivo e bem atento, sentado em um canto, no fundo da sala de aula, ou então do lado da cátedra. Essa visão atualizadora, essa evocação imaginária do escritor como se realmente estivesse presente ali onde se ensinam suas obras não possui nada de delirante.

Quando abro uma página de Leopardi, Tolstói, Svevo, eles estão efetivamente ali: guiando-me, julgando-me, revigorando-me, fazendo-me companhia. Não posso abusar da paciência dos escritos deles nem de sua paciência. Não posso deturpá-los, usá-los de maneira imprópria, carregá-los e cobri-los com minha vaidade, usá-los como arrimo a minha respeitável figura pública. Na qualidade de professor, sou um local de passagem e de trânsito. Sou um médium. Empresto-lhes minha voz e minha mente interpretativa. Eles me emprestam o que de melhor conseguiram pensar e escrever durante a vida. Se escreveram tão bem, com tamanha atenção, habilidade, esforço, perícia técnica, certamente o fizeram porque não gostariam de ser tratados com displicência e que houvesse mal-entendidos, mas sim, pelo contrário, gostariam de ser lidos e relidos, compreendidos, assimilados da mesma maneira que acontece quando se ama: por imitação, por identificação, por contágio.

Os clássicos foram escritos para um público de leitores, não para um conventículo de estudiosos. E isso é ainda mais verdadeiro quando se trata de autores modernos. Identificar-se com eles deveria ser mais fácil. Falam de coisas que ainda nos são familiares. E também é mais fácil «visualizar» a presença física deles nos locais que usamos para dar aula. (Na verdade, é a aula que deveria ser usada para que eles pudessem se materializar entre nós graças às obras que escreveram.)

Por outro lado, não é nada fácil dar uma definição de literatura moderna e fixar seus confins. Poderiam afirmar que é moderna a literatura que representa, acompanha e comenta o nascimento e o desenvolvimento da sociedade moderna: do capitalismo, do liberalismo, do socialismo, da democracia de massa. Nesse sentido, deveriam começar das origens do pensamento crítico, antidogmático, antiautoritário, racionalista e empírico, pelo menos desde

Maquiavel, Montaigne, Cervantes, Descartes até os enciclopedistas e os grandes autores dos anos 1800.

É uma literatura que possui características bastante paradoxais: porque coloca indivíduos ávidos por autonomia diante de uma sociedade cada vez mais organizada. Mas, como se sabe, existem também em nossa atualidade alguns aspectos de nossa experiência que fazem que algumas obras literárias muito antigas se tornem nossas contemporâneas. Em relação à descrição da sociedade urbana e da luta política, alguns escritores latinos (Catulo, Horácio, Juvenal, Marcial, Salústio, Sêneca, Tácito) são mais «modernos» que a maioria dos clássicos italianos. E, quando nos narram do cosmo, o *De rerum natura* e as *Geórgicas* são poemas que ainda hoje podem nos ajudar a nos liberarmos da superstição ideológica segundo a qual a história é tudo e é a coisa mais interessante. A vida da natureza, dos animais, das plantas, os fenômenos atmosféricos e telúricos e o movimento dos astros nos sobrepujam, apesar de tudo, e fazem que nosso papel protagonista de ser histórico pareça ridículo.

Mas, acima de tudo, creio que a característica mais paradoxal, conflituosa e dramática da literatura moderna, uma característica que se torna particularmente evidente quando se ensina, é que a maior parte dos grandes autores modernos, sobretudo após a fase otimista do Iluminismo setecentista, é de críticos da modernidade. E é isso que os eternos profetas e fetichistas do Progresso-Desenvolvimento não conseguem ver nem digerir.

Na formação da modernidade ocidental assiste-se, por exemplo, a uma expansão do Estado e de suas funções, um aumento das instituições que tendem a reabsorver, a arrogar, a dominar todo tipo de atividade individual e social. E, por sua vez, expandem-se o mercado, a produção para o mercado. A própria cultura se torna cada vez mais, em seu complexo, instituição e administração: transforma-se em um setor administrativo (burocratizado) da vida pública ou um ramo do mercado, um tipo de produção particular de mercadorias.

Ironicamente, o professor de literatura moderna deparará com frequência com livros e páginas nos quais tudo isso (institucionalização e mercantilização da cultura) é criticado, chegando ao limite de «escritor moderno» poder ser considerado quase sinônimo de escritor «antimoderno»: crítico da ideia de progresso, crítico da burguesia e da classe média, crítico do historicismo, crítico do racionalismo instrumental e utilitarista, da democracia cultural e do próprio Iluminismo do qual é filho e herdeiro, crítico da burocracia e da sociedade de massa.

Isso poderia implicar, como foi notado pelos mais temerosos progressistas, que traduzida em termos políticos a crítica social implícita ou explícita na literatura moderna é uma crítica «de direita», excede em utopismo regressivo, é individualista e aristocrática, tem fobias anticomunitárias, é apocalíptica e catastrófica, flerta com o anarquismo e é conservadora. A consequência é que, diante das contínuas inovações que o desenvolvimento capitalista oferece e impõe, boa parte da literatura acaba por, na maioria das vezes, saudar ou lamentar o que se perdeu, o que foi superado: sofre de nostalgia, preserva um forte sentimento pelo passado ou, de forma mais prosaica, vê «que a inovação não nos dá nada sem nos privar de algo».

O marxismo, que se apresentou como a forma teórica mais coerente e radical (mas também a mais otimista em relação ao futuro) de crítica do capitalismo, usou desde o início todo tipo de rótulo negativo, acusatório, difamatório para demonstrar ser a única garantia contra a variegada gama de erros cometidos por esse grupo de escritores individualistas burgueses e antiburgueses.

Mas a verdade é que um dos bens mais preciosos que o estudo da literatura moderna oferece, apesar do marxismo e de qualquer outra teoria, é próprio à variedade de pontos de vista e de argumentos críticos. Em vez de oferecer uma teoria global do mundo moderno, os escritores nos falam das próprias experiências limitadas, mas pessoais, e dessas experiências extraem argumentos ainda mais apreciáveis quando concretos e circunstanciados. Não nos transmitem quase nunca uma filosofia da história coerente, mas sim o próprio mal-estar pelas filosofias e pelas generalizações, pela linguagem abstratamente universalista na qual as experiências do indivíduo naufragam e são desvalorizadas. Além disso (outro defeito considerado política e moralmente grave, que, para mim, ao contrário parece uma vantagem), os escritores modernos não nos dizem «o que fazer» nem qual caminho seguir. Para eles o que interessa é, antes de mais nada, uma autêntica representação do problema.

Permanece o fato de que, justamente por termos de fazer ecoar hoje, na sala de aula, dentro de uma instituição, as vozes disparatadas e sarcásticas de indivíduos refratários, particularmente associais e em revolta, ensinar literatura moderna atualmente nos torna obscenos; coloca o professor mais ciente do próprio ofício em dificuldade e em uma situação contraditória. Um professor é um educador, deve oferecer algumas regras e indicar um caminho. Mas *ensinar literatura moderna educa para quê?* Fica sempre a dúvida de que as possibilidades sejam duas:

a) Não levar muito a sério e ao pé da letra os autores lidos. Nesse caso, educa-se para uma espécie de duplicidade e uma mais ou menos sutil forma de hipocrisia, como se a mensagem essencial do ensinamento fosse esta: aqui está, assim pensava Baudelaire, assim escrevia Dostoiévski. Nós os consideramos naturalmente (convencionalmente) geniais, mas exatamente por isso as palavras deles não devem ser levadas a sério e ao pé da letra. Eram outros tempos. Eles eram infelizes, a vida deles era um inferno. Não há com que nos preocuparmos, estamos acima disso tudo, *estamos a salvo*, e a literatura é uma bela doença que não pode contaminar nossa saúde. Ou seja: no fim das contas, é apenas um objeto de estudo.

b) Abater as barreiras autodefensivas que nos separam dos «objetos» de estudo, barreiras essas que os tornam tais. Mas, caso isso ocorra, haverá identificação (condição necessária à compreensão), e o contágio começará a agir. O desespero e a revolta endemicamente difusos entre os escritores modernos tornam-se parte da experiência real que fazemos de nós mesmos e de nosso ambiente. Para além do tempo e da diferença de contextos, aquelas vozes ecoam estranhamente fraternas, alarmantes. A história que nos é contada é totalmente, ou em parte, nossa história. Assim, mesmo examinar no microscópio estilos e estruturas literárias, em vez de nos preservar da mensagem, torna-nos mais próximos. A interpretação dos textos abre um diálogo, permite uma *osmose*.

Se no primeiro caso a literatura é neutralizada pela prática didática, por seus métodos e ritos, no segundo caso por meio do ensino literário se corre o risco de formar não apenas intelectuais críticos, mas seres associais, pessimistas, incapazes, volúveis, que provavelmente entrarão em conflito com o ambiente, talvez tornando a própria vida mais difícil.

A literatura moderna é sim perigosa. É raramente edificante. Parece não particularmente adequada à prática do ensino.

Os exemplos pululam. Cito um especialmente chocante e explícito. Encontro-o no *Diário* de Kierkegaard. Quando li, quase por acaso, algumas poucas linhas a meus estudantes divertidos e boquiabertos, compreendi que algo em mim se havia partido e que aquelas frases de Kierkegaard me enviavam, como se diz, a um *ponto sem volta*. Rompia a estável relação de confiança institucional que os estudantes começavam a construir com si mesmos e da qual eu era parte essencial na função de docente. Diante daquele texto, parecia que as paredes morais da instituição educacional ruíam. Tive a precisa sensação de que a realidade da literatura moderna, assim como certos textos religiosos, não pode ser simplesmente ensinada, ou, ao menos, não ensinada segundo a ascética, funcional, utilitarista e eficientista concepção moderna do ensino. Entra-se na literatura moderna por participação. Não é propriamente um objeto de estudo, é uma experiência que, como outra qualquer, traz riscos que não podem ser calculados antecipadamente.

Mas eis aqui o trecho:

O homem comum, eu o amo, os docentes me causam ojeriza. Foi precisamente a categoria dos «docentes» que desmoralizou a humanidade. Se se deixasse o mundo como é na verdade, os poucos que verdadeiramente estão a serviço da ideia e os que estão ainda mais em alto a serviço de Deus, e depois o povo, tudo caminharia em direção ao melhor. Mas existe essa infâmia que entre os eminentes e o povo se insinuam esses canalhas, essa corja de larápios, que sob a aparência de também servir à ideia traem seus verdadeiros servidores e confundem a cabeça do povo, e tudo isso para surripiar miseráveis vantagens terrestres. Se não existisse o inferno, seria necessário criar um especialmente para os docentes, cujo crime é precisamente tão grande que não é possível puni-los adequadamente neste mundo.[1]

Além de ter atacado constantemente a Igreja da Dinamarca e sua hipocrisia burguesa moderna pelo fato de assassinar o cristianismo com o instrumento mais eficaz, ou seja, fingindo praticá-lo sem nem mesmo compreendê-lo, Kierkegaard orienta sua crítica alarmada e enojada contra qualquer tipo de *mediador*: padres, professores, jornalistas que se insinuam em cada interstício da vida social para manipular,

---

1 Soren Kierkeggard, *Diario*, org. C. Fabro, Rizzoli, 1979, p.20.

desviar, envenenar a relação que cada um de nós pode estabelecer com a verdade da existência vivida.

Após ler esse violento desabafo de Kierkegaard, e tendo-o feito com evidente participação e adesão, quase sem me dar conta do que isso acarretava, vendo a perplexidade dos estudantes, aumentei a dose com o seguinte comentário: «O quê? Vocês acham que eu sou um docente? Não, não sou».

Era minha maneira mais sincera de ser hipócrita, ou uma artimanha aparentemente hipócrita de dizer a verdade? Eu me encontrava no paradoxo, e sair dele não seria nem simples nem, talvez, indolor. As possibilidades que eu tinha eram, por sua vez, quatro:

1. Não dar razão a Kierkegaard, afirmando que seu discurso era excessivo e falacioso, que era, na verdade, um desabafo emotivo, que deveria ser interpretado como sintoma de um mal-estar pessoal do filósofo dinamarquês, mas sem valor objetivo real. Ele podia odiar os docentes, mas isso não significava que os docentes fossem odiosos e merecessem seu desprezo. Dessa maneira, o autor seria historicizado e psicanalisado à distância, transformado em objeto histórico e analisável, preservando a categoria dos professores.

2. Outra possibilidade seria afirmar que Kierkegaard tinha razão, que seu ódio era um instrumento de conhecimento, uma arma crítica totalmente individual, que permitia desvelar a função negativa de uma casta de mediadores da qual, com toda probabilidade, eu fazia parte. Fazendo isso eu me declararia digno do desprezo com o qual, saltando um século e meio, Kierkegaard me atingia. Mas, caso eu compartilhasse aquele ódio, deveria odiar a mim mesmo e àquilo que fazia. Prospectavam-se, assim, outras duas possibilidades:

3. Suportar a contradição e continuar a desempenhar um papel que eu passava a considerar vulgar e detestável: contradição que, com o passar do tempo, ou perderia sua angustiosa autenticidade, ou, se fosse preservada, poderia abalar minha saúde e meu equilíbrio psíquico.

4. Ou, então, restava-me ser coerente, adequar minha conduta a minhas convicções: decidir que, para mim, seria mais saudável e honesto não desempenhar uma atividade que desaprovava, e, por conseguinte, renunciar a meu trabalho e pedir demissão da universidade. E, três anos depois, foi exatamente essa minha decisão, mas, no momento em que lia aquele trecho de Kierkegaard,

eu não poderia imaginar que as coisas tomariam essa direção.

Com essas considerações não estou tentando tornar mais dramática ou mais cômica a posição de quem ensina literatura moderna. Apenas não posso refletir sobre esse tema sem fazer acenos a referimentos autobiográficos.

E é a própria literatura moderna que me obriga a agir assim. Na modernidade, os grandes sistemas de pensamento, as metafísicas e as teorias globais da realidade encontram-se em crise: e depois de Kierkegaard as filosofias da existência e da experiência vivida ganharam, e também graças ao romance, espaço e credibilidade. As únicas coisas que conhecemos é por experiência pessoal, e nosso saber mais autêntico é um «saber vivido». A tradição filosófica, a partir de certo momento, se rompeu (salvo reedições recentes um pouco verbalistas), misturando-se com a literatura, adquirindo a forma de diário, passando por aquelas precisas, singulares experiências que cada um de nós experimenta. É esse o ensinamento de Tolstói, Nietzsche, Freud, Proust, Kafka, Simone Weil, Canetti, Gramsci, Camus, Adorno e tantos outros.

Ensinar literatura moderna (se algo parecido com isso é realmente ensinado) significa colocar em contato ruidoso, dissonante, conflituoso, uma instituição que se propõe a formar e integrar socialmente uma classe dirigente, com certo número de autores e de obras que de seu além literário continuam a nos mandar mensagens de denúncia, de intenso ressentimento, de não compromisso e de revolta.

Se pararmos para pensar e virmos que o primeiro clássico da poesia moderna, *Les Fleurs du mal*, se abre com a palavra «*sottise*» e que um dos temas mais obsessivos em Flaubert é a «*bêtise*», isso não será totalmente insignificante. Para a literatura moderna, uma das epidemias mais difusas na atual e organizada sociedade é uma forma de estupidez muito moderna e muito organizada, da qual o professor também é parte em causa.

Uma vez mais, é necessário constatar que a modernidade dos escritores modernos é antimoderna. Caso queiramos compreender isso, não temos saída: temos de deixar de ser leitores hipócritas que procuram todos os subterfúgios para evitarem se identificar com os autores, para não levarem a sério suas palavras, para evitarem entrar no campo minado que é a vida real e não institucional da literatura moderna.

Visto que estamos falando de didática, vale a pena acenar a um típico modo profissional e professoral de manter afastadas as mensagens contundentes da literatura moderna. Podemos definir esse modo como *metodologismo* e *teoricismo*.

As duas coisas não são completamente coincidentes. São duas faces do mesmo fenômeno. Em meados dos anos 1900, a hipocrisia (ou a *sottise*) dos docentes tornou-se inteligentíssima, engendrou uma arma defensiva de rara potência tecnológica.

Evidentemente, era urgente resolver o problema. A literatura moderna começava a se tornar um estorvo difícil de carregar. Incomodava. Era preciso afastá-la e relegá-la ao mundo dos mortos. Era uma fábula cujas experiências tormentosas não deveriam nos dizer respeito.

Entrávamos no pós-moderno, época na qual as instituições se tornavam gigantescas e incomparavelmente mais importantes que os objetivos para as quais haviam sido criadas. Se até relativamente pouco tempo atrás os críticos literários faziam parte da família cultural dos escritores e com eles haviam compartilhado angústias, prazeres, aventuras e estilos de vida, agora os críticos se transfiguravam em estudiosos, metodologistas do estudo literário e teóricos gerais de um fantasma chamado literatura.

A literatura moderna, assim como a antiga, torna-se um cadáver pronto para ser dissecado e ter sua anatomia estudada. Em vez de ser lida por leitores interessados, torna-se um objeto a ser analisado por cientistas sem muito interesse, dotados de teorias gerais da literalidade (ou *quidditas letteraria*) e de metodologias infalivelmente aplicadas a quaisquer textos.

Os docentes odiados por Kierkegaard assumiam definitivamente o poder. Seu papel protagonista crescia desmesuradamente. Agora eles escreviam até romances a sua imagem e semelhança, romances «narratológicos» e goliardescos, de entretenimento, com sabor de seminário, *best-sellers* que conseguiam deixar em segundo plano a fama dos clássicos da modernidade, clássicos da misantropia e da insatisfação.

Nos centros culturais mais avançados, tudo isso durou uns trinta anos. Mas, nas retaguardas, nas universidades periféricas e nos liceus de província, o encontro com a literatura moderna continuará a ser impedido pelas barreiras burotecnocratas e metodológicas de todo tipo.

O imortal diretor didático Thomas Gradgrind, que Dickens apresenta no início de *Hard Times*, continuará criando cursos de atualização. Criará de tudo, com seu crânio e suas manias bem cartesianas, para conter e transformar os maiores e mais apaixonantes livros jamais escritos em «fatos textuais positivos» para despejar como areia na cabeça dos alunos.

Aquele que conseguir transformar, ainda que um só professor e um só estudante, em um leitor capaz de se identificar com o que lê já terá feito algo positivo para tornar menos devastadora a catástrofe ecológica em curso: ou seja, a eliminação da literatura moderna de nosso horizonte vital, por meio do trabalho metodologicamente irrepreensível de um exército de docentes.

Capítulo 6

Onde foi parar a indústria cultural

Sobre a indústria cultural e os danos relacionados a sua influência quase não se discute mais. O que escandalizou e alarmou durante mais de um século, de Leopardi a Karl Kraus e Adorno, é hoje um objeto que parece ter desaparecido do horizonte das realidades visíveis. O fato é que a indústria cultural tomou posse por completo da vida social. A redução da arte, do pensamento, de emoções e sonhos a mercadorias para serem produzidas em série para o consumo da massa é, de fato, um fenômeno tão imenso e onipresente que ilude a observação.

Toda a cultura é pensada na forma de comunicação, de entretenimento, de espetáculo. Os valores socialmente mais difusos e influentes são dados pela publicidade. E a própria utopia de uma vida feliz e realizada nos é mostrada cotidianamente nos *outdoors* que dominam os cenários da vida urbana. Nossos templos e nossas catedrais são as imagens de felicidade, beleza, liberdade, energia e fascínio que penetram por toda parte, onde quer que andemos, e não importa o jornal que leiamos. Ninguém teria paciência nem força de considerar vulgar e estúpida, infantil e intrusiva uma «visão do mundo», uma ideologia estética tão astuta e tão modesta capaz de se associar a um detergente, a um creme hidratante, a um novo modelo de celular ou de carro. Falsificação e banalização, *sottise* (diria Baudelaire) e *bêtise* (diria Flaubert), reproduzidas industrialmente e difundidas por uma tecnologia incontrolável, não podem ser contrastadas pela crítica. Quando se atinge certo grau de ineficiência permanente, o pensamento crítico e a chamada *Kulturkritik* se rendem. Já não há remédios ou alternativas. Nem mesmo os intelectuais (como categoria) se inquietam. Os mais sensíveis se limitam a olhar para o outro lado. Os mais práticos decidem estudar a publicidade, tornando-se seus apologistas: usando a linguagem da filosofia e das ciências humanas, tornando-se, assim, os publicitários acadêmicos da publicidade. Um ofício que poderia parecer supérfluo, não fosse pelo fato de brindar aqueles que o exercem com a convicção gratificante de estar, uma vez mais, na vanguarda do que aconteceria de qualquer maneira, mesmo sem sua contribuição ou consenso.

Os próprios intelectuais, de cujo mal-estar nascia a crítica à indústria cultural e à cultura de massa, mudaram. Em vez de permanecerem fechados em seus próprios guetos, desejavam empunhar eles também os instrumentos oferecidos pela *mass media*, atingindo um público amplo, tornando-se populares, aumentando o próprio poder de influência.

Até mais ou menos a metade do século XX, a bandeira do intelectual de elite e do artista de vanguarda era diferente. Melhor ser incompreendido que aplaudido, melhor falir na companhia da verdade que ter sucesso no equívoco, melhor a solidão que o abraço da burguesia filisteia, da *middle class* obtusa. A situação se inverteu nos últimos decênios. A *communis opinio* é completamente diferente: se você é escritor e não escreveu um *best-seller*, trabalhou em vão. Pelo menos em princípio, a conciliação entre elite inteligente e indústria da consciência ocorreu. Assim como na sociedade os pobres se travestem de ricos e sonham antes o luxo que a justiça, no ambiente cultural todo professor almeja virar uma estrela midiática, mesmo que regional ou local. O deus da comunicação tomou o poder e seus sacerdotes devem ser, antes de mais nada, comunicadores. Desventurados os cursos universitários que não se apresentem como ciência da comunicação ou da globalização.

Infelizmente, a cultura e as ideias, para poderem revelar seu poder extremamente específico, ainda requerem tempo e concentração, vagar e silêncio. Mas nós, «distraídos da distração pela distração», como diz Eliot nos *Quartetos*, adoramos o poder da velocidade e o fascínio do rumor. A verdade é que, para além de qualquer coisa, os corifeus do consumo creem que uma verdadeira formação (que não pretenda cancelar o passado) é obrigada a passar pela estreita porta de algumas práticas elementares, principalmente a que George Steiner, em um seu ensaio homônimo, chamou de «leitura correta». Silenciosa e solitária, a leitura correta, responsável, que estabelece uma espécie de «diálogo-monólogo» entre o leitor e o livro, permanece como o eixo da cultura histórico-hermenêutica e da *humanae literae*. «O intelectual», escreve Steiner, «é simplesmente um ser humano que lê os livros com um lápis na mão»: comenta, anota, questiona, responde, conecta uma experiência escrita com uma ainda não formalizada. Não importa se se trata de um texto sacro ou profano, é a intensidade da atenção e a repetição meditativa que dão valor ao que se lê.

Dando crédito ao que os jornais noticiam, nos últimos anos o grande público estabeleceu uma relação privilegiada com a cultura. Não mais separação entre a elite e a massa, mas, pelo contrário, casamento, fusão. E esse novo evento gera notícia, vira um grande evento. Concertos ao ar livre, cantores líricos e diretores de orquestra, filósofos e críticos de arte, romancistas e poetas apresentam-se em vestes de divos (ainda que pouco conhecidos) diante de uma multidão de espectadores, na maior parte veranista ou primaveril. O pessimismo em relação ao destino da cultura pareceria derrotado. Infelizmente, esse fenômeno, que parece recente e clamorosamente novo, tem uma história. Desde que a burguesia existe, a partir do momento em que a classe média começou a ocupar o centro da sociedade ocidental, desde então, com altos e baixos, acelerações e atenuações, essa é a classe social moderna por excelência e hoje, no Ocidente, parece ter engolido o proletariado, demonstrou-se sempre dúctil, versátil, onívora: e assim também sedenta de cultura. Desde que o encontro com a cultura e a aquisição dos «bens culturais» ocorram dentro de certas condições. Assim, a sociedade industrial criou a indústria cultural. A sociedade das mais intensas trocas comerciais intensificou o comércio cultural. A sociedade de massa teve de produzir uma cultura de massa. A sociedade do consumo preocupou-se com o consumo cultural. A sociedade do espetáculo concebeu a cultura, sobretudo, como evento espetacular.

Não se trata de um jogo de palavras tautológico. Depois da explosão dos estudos antropológicos no século xx, depois das sociologias da arte, após as pesquisas históricas sobre os fenômenos de *longue durée* e os *cultural studies*, todos nós sabemos que a cultura jamais morre, está em toda parte, no alto, embaixo e no meio. Quando se sente ameaçada e colocada contra a parede, é aí que se transforma, que se identifica com o agressor, vai para a rua. A mania de promoção cultural foi observada pelos escritores satíricos desde a antiguidade (Horácio, Marcial) e no início da modernidade (Molière, Swift). A verdade é que não há nada de novo no que está acontecendo agora. Trata-se, sobretudo, de um sentido do passado e do futuro: quando um ou outro tendem a desaparecer em uma espécie nova de eterno presente, privado das tradições e de prospectivas teóricas, inevitavelmente modifica-se completamente a função da cultura e mudam os comportamentos sociais inerentes a ela.

Em que medida o público de massa dos «grandes eventos» culturais mudou os próprios comportamentos e as próprias escolhas em sua relação cotidiana com os livros? Consumir uma noite literária pública é mais fácil que consumir, ou seja, ler e entender, um livro. Os livros são distribuídos triunfalmente pelos jornais. Mas quem distribui o tempo e o hábito para lê-los? Por que a venda dos livros de poesia permanece estável em níveis baixíssimos, mesmo que há décadas as leituras públicas de poesia sejam tão cheias? É lícito pensar que o como prevalece sobre o quê. A forma do consumo efêmero e rápido, a transformação da mais complexa cultura em um espetáculo de uma noite reduzem o chamado patrimônio cultural a pó dourado e a vago aroma. Que relação existirá entre a frequência dos estímulos culturais e a capacidade de assimilação? A geladeira cultural está sempre cheia, mas qual nutricionista nos dirá o que realmente necessitamos comer? Ainda existe a hora das refeições. Mas quais serão as horas para ler Tchekhov ou Thomas Hardy e fazer algumas anotações? Ter visto a cara do autor enquanto recita duas páginas de um de seus livros fará que compremos o livro ou nos dará a impressão de ter lido suas obras? As manifestações culturais divulgam a cultura. Mas conseguem comunicá-la?

Em 1930, o escritor inglês Aldous Huxley escreveu um ensaio sobre a vulgaridade na literatura, iniciando pela observação de que o próprio fato de «colocar o lápis no papel» possui algo vulgar. De fato, a extraordinária proliferação de autores, enquanto os leitores diminuem, tem algo vulgar. Além disso, vários escritores famosos, estudadamente sofisticados e grosseiramente esnobes, como Edgar Allan Poe e Gabriele D'Annunzio – segundo Huxley –, eram estilisticamente vulgares justamente porque se comportavam como exibicionistas do estilo e como seres especiais abençoados por uma sensibilidade refinada ou enorme, e uma cultura inacessível à maioria. Uma das afirmações mais interessantes do discurso de Huxley é a seguinte: «Na literatura, é vulgar exibir emoções que não se sentem realmente, mas que se crê ter de demonstrar somente porque as tiveram todas as pessoas de valor».

Aqui está o fulcro da questão. De fato, a observação pode ser estendida da literatura para a moral, para a política, para a religião, para a filosofia. Fingir verbalmente emoções, reflexões, problemas que não nos tocam, mais que um engano a si mesmo e aos outros, é uma forma de vulgaridade. Para Theodor Adorno, vulgaridade é «estar do lado da própria degradação». No caso ilustrado por Huxley, a impressão é que ocorre exatamente o contrário: o sujeito coloca-se do lado de sua própria sublimação ou promoção. O risco é que isso ocorre em detrimento da realidade e da sinceridade. Autoengana-se para se gabar e «parecer mais refinado», usa-se, «veste-se» de gostos e valores publicitários reconhecidos como melhores e mais elevados. É evidente que, quanto maiores o valor e o carisma cultural que se institucionalizam no sucesso de massa e no reconhecimento público imediato, mais os próprios produtores e criadores de cultura passarão a fingir experiências, emoções, conhecimentos convencionalmente admirados como exclusivos e raros, mesmo que não possuídos realmente, mas pegos emprestados.

Toda formação cultural, mesmo a mais séria, demanda algum tipo de esnobismo (a frequentação dos clássicos, ou seja, a aristocracia cultural), mas, nos tempos que correm, está virando moda uma forma particular de esnobismo. Diz respeito principalmente aos filósofos: que fingem ter os mesmos problemas que poderiam ter Parmênides, São Tomás de Aquino ou Nicola Cusano, problemas abundantemente saqueados academicamente dos baús da tradição filosófica e repropostos aos leitores atuais como se fossem maravilhosas iguarias e raridades gastronômicas. As próprias teologia e mitologia, ou seja, os discursos sobre Deus e os deuses de qualquer cultura, parecem atrair os filósofos como objetos preciosos, decoração de antiquário. Assim como certos cônsules e embaixadores exibiam em suas residências oficiais uma presa de elefante ou uma pele de tigre, os filósofos-teólogos de hoje exibem como uma relíquia o ser de Plotino e *das Sein des Seiendes* de Heidegger.

Em nosso Ocidente secularizado, no qual o estilo de vida voltado para o consumo torna árduas quaisquer experiências do sacro, do divino e do ser, aqui mesmo Deus pode se tornar o mais estimado, sofisticado e esnobe objeto do discurso filosófico. Mas existe um risco: que Deus e os pensamentos conexos a sua existência sejam nomeados em vão, ou seja, no vazio da experiência. Isso era para Huxley, exatamente, vulgaridade que se adquire graças a um incontável desejo de singularidade.

Digam vocês mesmos se esse fenômeno não parece atual. Os «clubes exclusivos, mas de massa» estão se multiplicando. A multidão se precipita em busca de distinção, acreditando que está experimentando emoções secretas, raras, únicas, extremas.

Mas, se a cultura quer dizer também imaginação e coragem, capacidade de fazer por si mesmo, de ir contra a corrente e de enfrentar a angústia, nesse caso as praças e os circos não são os melhores lugares para encontrá-la.

Capítulo 7

O equívoco místico

O que podemos dizer, nos dias que correm, sobre o êxtase? Tendo sido convidado a participar do colóquio Êxtases laicos, dedicado a Elvio Fachinelli, realizado em setembro passado em Florença, na Basílica de San Salvatore al Monte, escolhi como título de minha contribuição «O equívoco místico». Participaram do colóquio historiadores do cristianismo, neurologistas, matemáticos e psicanalistas de diferentes formações. E eu, o que seria, como poderia me definir? Não tento nem mesmo colocar-me essa questão. Mas, felizmente, a primeira coisa que tenho a dizer em relação ao tema, meu conceito central, é que não existem especialistas em êxtases; sabemos apenas aproximadamente do que se trata, navegamos no escuro, examinando casos particulares e trabalhando com fontes de segunda mão. Uma coisa é certa: a cultura ocidental renunciou há muito tempo, há mais ou menos três séculos, à procura metódica do êxtase: eliminou-a do próprio horizonte, desvalorizou-a e ridicularizou-a, usou-a e utiliza o termo em um sentido largamente, vagamente metafórico.

Mais que o êxtase «causal» (como estado alterado, traumática ou quimicamente, da consciência), interessam-me as culturas que valorizaram o êxtase como órgão e momento supremo de conhecimento, como gnose. E interessa-me o que aconteceu quando uma longa tradição se interrompeu. O êxtase é o momento final, o objetivo de todas as místicas, ou da mística de todas as religiões. São muitos os estudiosos para os quais na mística todas as grandes religiões se encontram. Judaísmo, cristianismo, islamismo, hinduísmo, budismo, taoismo chegam por diferentes vias e com diferentes métodos (diferentes, mas muitas vezes parecidos) a determinados estados da mente ou da supermente que definimos genericamente como êxtase.

Meu tema, minha tese, ou mais simplesmente aquele pouco que gostaria de dizer em viés polêmico, é que, quando falamos de êxtase hoje no Ocidente, falamos de algo que já não nos pertence, do qual não sabemos quase nada, e ler literatura mística não ajuda muito: pelo contrário, pode atrapalhar. Mas, por outro lado, todo discurso sobre o êxtase foi sempre considerado impossível ou inútil, ou vácuo mesmo, pelos maiores e mais sábios místicos: o êxtase é, por definição, o que excede a linguagem, é um estado (propriamente falando) inefável. As poucas ideias sobre as quais eu gostaria de chamar a atenção mereceriam, para ser apresentadas de maneira convincente, a redação de um livro. Mas, no fim das contas, não são poucas as ideias que nos são caras, mas sobre as quais não saberíamos oferecer uma exposição suficientemente documentada e argumentada de maneira aceitável. Assim, direi brevemente o que entendo por «equívoco místico» e quais são suas subespécies.

O primeiro equívoco diz respeito, creio, à tendência tipicamente moderna de confundir a experiência mística (um ou mais tipos de êxtase) com o discurso místico. Quem não teve e não tem experiências extáticas confunde a literatura mística com especulação filosófica, mais precisamente metafísica, ou com dialética paradoxal; ou com fervor irracional, com poesia fascinante. Não nego que seja interessante estudar as formas do discurso dos místicos: ler São João da Cruz ou Angelus Silesius, Meister Eckhart, Teresa de Ávila e Jakob Böhme pode ser apaixonante. Mas que fique claro: para o leitor de hoje (como para aquele do século xix) falta o objeto, falta a experiência sobre a qual as palavras deles se referem. Em polêmica com o Iluminismo, as culturas do romantismo, ao mesmo tempo que redescobriram a tradição mística, deturparam-na, traduzindo-a em idealismo filosófico e em poesia visionária. Um único exemplo: se por trás da poesia do Paraíso de Dante temos a sólida tradição da mística e da teologia medieval, por trás do Infinito de Leopardi temos apenas um excepcional momento de abstração que funde intensidade sensorial, cinestésica, com um repentino, transitório distanciamento do eu psíquico de si mesmo.

Outro e mais grave equívoco é a confusão e a identificação comum que se faz entre mística e irracionalismo, êxtase e perda da razão. É o equívoco mais difuso, ainda que não seja completamente infundado (nos níveis mais baixos encontram-se êxtases «confusos»), e é fruto da mediação que o romantismo realizou da tradição mística. Nem os «Hinos à noite», de Novalis, nem o «Kubla Khan», de Coleridge, são poesias sobre o êxtase (Coleridge escreveu sob efeito do ópio).

O visionário parece um místico, visto que muitos místicos tiveram visões. Mas o conteúdo das visões é extraordinariamente variável, e sabe-se que é possível haver visões extáticas enganadoras, que criam modalidades aberrantes de fé religiosa. Por que, por exemplo, os místicos cristãos veem Jesus e os hinduístas veem Kali ou Krishna? Não se trata de provas empíricas da realidade, mas de produtos visionários de intensidade meditativa, alimentada e mantida muito pragmaticamente com a devoção a uma forma de divindade particular. De fato, os verdadeiros místicos são racionais, analíticos e práticos, posto que contemplam à distância os mais sutis movimentos mentais para interrompê-los e conseguir a liberação.

Outro equívoco, não menos grave e muito difuso na alta cultura, diz respeito à linguagem filosófica de tipo metafísico e ontológico. Nesse caso, o teólogo ou o filósofo fala como se estivesse descrevendo experiências diretas fundadas na gnose, quando, na verdade, produz, ou melhor, reproduz raciocínios e variações especulativas a propósito de Deus e do Ser, imitando a linguagem mística, reutilizando fortuitamente uma língua que coloca em cena um conhecimento de Deus e do Ser acessível apenas em um nível superior da mente em relação ao ordinário, e que a cultura ocidental moderna atrofiou. Não é o caso que nós não tenhamos nem mesmo um termo preciso para indicar esse nível mental: a fórmula «mente extática» é uma hipótese, parece-me, relativamente incerta e genérica para designar tecnicamente o que na Grécia era a *gnóme*, na Idade Média cristã era definida como *intellectus spiritalis* e no hinduísmo como *budhi*.

O que quero dizer é que nos falta uma antropologia, uma psicologia, uma fisiologia e uma técnica do êxtase. Somente em um estado «supermental» o Ser é concebível e já não é um conceito vazio (uma espécie de chiclete, segundo a célebre definição galhofeira de Max Horkheimer). O resto (como nos escritos de Heidegger e imitadores) é jargão ontológico, tautologia, ecolalia involuntariamente parodística da literatura dos místicos.

Nas redondezas e nos subúrbios da mística movem-se muitos diletantes, esnobes culturais e dândis do espírito. Nesse caso, trata-se de um equívoco estético que circunda e deturpa a mística. O dândi se traveste mundanamente de místico, despreza o racionalismo como vulgaridade iluminista e democrática, frequenta o oculto, o misterioso, o profundo, o invisível, o requintado indemonstrável em todas as suas faces. O dândi místico recita como se fosse um homem superior. É, geralmente, o que resta, em um indivíduo maduro ou em idade avançada, do jovem que se propôs «ver Deus», mas não conseguiu, e agora não sabe mais o que fazer com sua erudição esotérica e sua presunção gnóstica, a não ser teatro.

Além disso, penso que as experiências classificáveis como «extáticas», caso se deem fora das culturas e das tradições místicas fundadas na disciplina da atenção que separa a mente do eu psíquico, são tão perigosas que podem degenerar facilmente na patologia, em um alumbramento e no fanatismo, e até mesmo na loucura. Blake, Hölderlin, Nietzsche e Rimbaud oferecem exemplos muito eloquentes nesse sentido.

O que neles interessa e comove, além da genialidade poética e intelectual, é o retorno da mística como exigência de superar as angústias da mente racionalista e as da cultura ocidental que em determinado momento de sua história excluiu a gnose e a metafísica.

Simone Weil foi mais lúcida e consciente. Recusou o irracionalismo, seja político ou filosófico, dando atenção à Grécia, à gnose no cristianismo medieval e ao hinduísmo. Creio que este último elaborou as formas mais complexas, diversificadas – e poderíamos dizer «científicas» – da disciplina do êxtase ao longo de uma tradição que não se interrompeu nem mesmo nos séculos XIX e XX, como demonstram, entre outros, Vivekananda e Aurobindo. Os êxtases controlados, os únicos que possuem valor e interesse não apenas clínico e antropológico, ocorrem somente com a suspensão do desejo – de qualquer desejo –, com sua remoção: o que quer dizer atenção concentrada em um único ponto que coincide com o vazio. Para nós isso é algo quase inconcebível, que nos assusta e que rejeitamos, ou com o que jogamos como se fôssemos crianças, *pro forma*. Isso posto, a epígrafe mais adequada ao que estou enunciando só pode ser a famosa frase que encerra o *Tractatus* de Wittgenstein: «Sobre aquilo de que não se pode falar, deve-se calar».

Retorno brevemente, para concluir, a um aspecto fundamental do pensamento de Simone Weil, que diz respeito à relação entre o exercício da atenção, a verdade, o «espírito de verdade» e a possibilidade, ou melhor, a necessidade intelectual e moral de ver o mundo real, «as coisas como estão».

Trata-se de uma reflexão sobre a mente humana e o conhecimento «verdadeiro» e «justo» em seus diferentes níveis, pois que não existe possibilidade de juízo moral, não existe possibilidade de agir para o bem, em todos os âmbitos da vida, que não deva ser fundada no conhecimento, no discernimento intelectual. Mas, em alguma parte ou função da mente, podemos esperar a mais alta, estável, confiável qualidade do conhecimento? É a propósito desse problema que Simone Weil encontra a ideia clássica de uma «gnose» superior. Não se trata de êxtase, nem daquilo sobre o qual não se podendo falar deve-se calar: trata-se do funcionamento mental exigido daquela que atualmente, muito superficialmente, chamamos «liberdade de pensamento» e conhecimento objetivo da realidade. As ideias da realidade e do conhecimento verdadeiro nos colocam em um sério desconforto; sentimos necessidade de relativizá-las, de colocá-las entre parênteses e entre aspas: esquecendo-nos de que, sem verdadeiro e falso, real e irreal, a própria liberdade de pensamento não tem sentido nem valor.

Em uma carta de maio de 1942 a seu amigo Joë Bousquet, Weil fala da experiência extática que por volta do fim de 1938 marcara profundamente sua vida, permitindo que ela encontrasse o amor divino em Cristo, e impondo-lhe, desse modo – ainda que ela não fosse cristã –, ajoelhar-se diante de um altar «com amor, como o lugar onde existe a verdade». Mas não se tratou de uma conversão religiosa, nem de um salto na fé transformando a Weil política e sua maneira revolucionária (marxista e ao mesmo tempo radicalmente antimarxista) em uma Weil mística em fuga do mundo e da história. Como escreveu e repetiu Giancarlo Gaeta, nosso maior estudioso de Simone Weil, é «[...] totalmente arbitrário distinguir uma fase política e uma fase religiosa de sua vida, ou seja, imaginar uma evolução em direção à dimensão místico-religiosa a partir do falimento do engajamento social e político».

Isso significa que o impulso que conduziu Weil a uma gnose cristã, não em contradição com a sabedoria da antiga Grécia e do Oriente, se encontra nela desde o início, e diz respeito a sua imensa, incessante necessidade de verdade. Quando aos catorze anos foi aterrorizada pela ideia de que suas frágeis capacidades intelectuais a teriam impedido de ingressar no conhecimento verdadeiro, compreendeu repentinamente que «[...] qualquer ser humano, ainda que suas faculdades naturais sejam praticamente inexistentes, penetra este reino da verdade reservado aos gênios, se deseja a verdade, e faz um esforço contínuo de atenção para apreendê-la».

Esse exercício heroico de atenção, impulsionado por um ininterrupto desejo de verdade, define uma zona da mente que a racionalidade iluminista moderna decidiu abandonar no momento em que declarou o conhecimento metafísico irreal, ou melhor, não científico, e assim ilusório, dogmático e socialmente nocivo.

Mas o que é esse direito à «liberdade de pensamento» que colocamos como fundamento de toda política liberal-democrática moderna, se o indivíduo não sabe em qual conhecimento fundar tal liberdade? Uma questão que parece mística, desse modo, vê-se transformada em moral e política. Em um de seus últimos escritos, *Pela supressão dos partidos políticos*, de 1943, Weil une de maneira surpreendente o problema da ação política organizada com o da liberdade e do pensamento individuais. Por que, se os partidos políticos são «uma máquina para fabricar paixão coletiva», são organizações construídas «para exercitar uma pressão coletiva sobre o pensamento dos homens que delas fazem parte»? Quem poderá se furtar a essa constrição, quem conseguirá pensar individual e livremente o que é verdadeiro e o que é falso, resistindo a « uma pressão à qual dificilmente poderá resistir, a não ser tornando-se santo»?

O direito à liberdade de pensamento, antes de ser um direito, deve poder ser um fato. Isso nos obriga a ser praticamente santos? O certo é que a verdade não pode ser pensada em uma organização política, nem pode ser distribuída aos indivíduos que dela fazem parte. E, como se sabe, conclui Simone Weil, a verdade não é nem mesmo um conteúdo preciso: «É desejando a verdade sem vínculos e sem tentar imaginar seu conteúdo que se recebe a luz». Assim, segundo Weil, a luz dos iluministas necessita ser iluminada por uma luz ulterior, sobre a qual o Iluminismo decidiu não refletir.

Capítulo 8

Pós-modernidade e neovanguarda

1. Na experiência de todos nós, inicialmente vem a pós-modernidade, condição na qual vivemos; em seguida (ou seja, antes, em um passado mítico) vem a vanguarda, que com o início da Segunda Guerra Mundial já havia chegado ao fim. A que inventamos e experimentamos sucessivamente era, na realidade, uma neovanguarda, ou seja, uma pós-vanguarda.

Alguns jovens autores, durante os anos 1950, acreditaram que a vanguarda do início do século XX fosse a coisa mais interessante que se pudesse fazer em arte e literatura: identificaram toda a modernidade com a vanguarda, pensaram que a vanguarda fosse, basicamente e em síntese, a essência da modernidade. Portanto decidiram refazê-la.

Refazendo, restaurando, reutilizando algo já feito e acabado como a vanguarda, realizaram uma operação, essencialmente e em síntese, tipicamente pós-moderna. Desejavam que algo que se iniciara com o expressionismo (na realidade, mais tendência que grupo) e com o futurismo – e que chegara sucessivamente à maturidade, concluindo-se, mais tarde, com o surrealismo – renascesse, fosse repetido e continuado. A consciência histórica desses jovens autores de neovanguarda exprimia-se, na verdade, não em uma simples superação, e sim em uma réplica, uma série de variações sobre o mesmo tema. Nada é mais pós-moderno que isso. Ainda que nem toda modernidade tenha sido vanguarda.

2. E justamente a vanguarda histórica, na qualidade de auto-organização defensiva, autopromoção militante e de grupo de seus membros, trazia um dado novo à consciência moderna. Em muitos casos, a literatura havia sido um empreendimento solitário, frequentemente antimoderna, e por isso mesmo imensamente arriscada: Novalis, Coleridge, Leopardi, Poe, Baudelaire, Mallarmé, Kierkegaard, Nietzsche, Rimbaud, Hopkins, Emily Dickinson experimentavam na solidão e desafiavam a sociedade. Não ser compreendidos lhes parecia um destino. Ou era, como dizia Baudelaire, uma questão de honra. É justamente no que o público não compreende e que deixa os críticos e os estudiosos atordoados ou escandalizados, é justamente ali, acreditavam,

que acontece algo real, novo, autêntico, revelador. Todavia, isso acarreta ao autor como sujeito isolado riscos enormes, insuportáveis. Atuar em grupo à sombra de um programa parecia, em determinado momento, sobretudo no século xx, uma medida de compreensível prudência.

Tendências e grupos seriam cada vez mais «militarmente» organizados, ou seja, influenciados pelos modelos dos partidos políticos.

Mas, mesmo no século xx, já em presença de vanguardas estruturadas e agressivas, os projetos solitários ainda assim não são poucos. Quase nenhum dos clássicos da modernidade novecentista possui relação com as vanguardas. O espírito de grupo é ausente em autores magistralmente experimentais como Proust, Pirandello, Svevo, Kafka, Joyce, Valéry. E também outros escritores, como Benn, Trakl, Machado, Musil, Saba, Sbarbaro, Rebora, atuaram de forma solitária. Pound não desejava ser líder, iniciador de um movimento. Eliot muito menos (tornou-se, porém, uma espécie de sumo pontífice). César Vallejo e William Carlos William, Wallace Stevens e Kavafis viveram apartados. Seus experimentos não possuíam o abrigo de uma teoria, de um manifesto, de um grupo. Assim, nenhuma

garantia preliminar, nenhuma ideologia que justi-
ficasse dentro de uma lógica histórica que o modo
como eles escreviam fosse mais avançado e legítimo
que quaisquer outros.

3. O grupo de vanguarda oferece aos autores,
acima de tudo, garantias. Nas vanguardas, episó-
dios de falimento artístico pessoal não são previs-
tos. Todo e qualquer produto de vanguarda é visto
como uma crítica à instituição artística, como uma
sabotagem à Arte. Por isso, é interpretado como um
momento necessário da dialética histórica. Em um
grupo de vanguarda a responsabilidade individual
não é inteira, é compartilhada pelo grupo. O grupo
se mobiliza para defender dos ataques externos cada
um de seus membros.

Mas uma prática artística que não prevê uma
alternativa de êxito e fracasso, de melhor e pior,
baseia-se em um princípio estético de autopreser-
vação. Nenhuma obra ou antiobra de vanguarda é
considerada defeituosa, aborrecida, fracassada, pois
foi negada antecipadamente a ideia de qualidade ou
valor de uma obra. Tudo se resume a gesto, labora-
tório, provocação, antiarte. Desse modo, o exercício da crítica torna-se supérfluo: é substituído por
declarações poéticas e de intenções, com exemplos

textuais que ilustram as intenções. Qualquer outro intento ou tipo de texto é considerado defeituoso, inadequado, não sincronizado com o progresso das formas. Eliot, rejeitado pela *beat generation*, mas admirado por nossa neovanguarda, enquadrou o problema da relação entre *libertação* (do passado canônico e dos institutos estilísticos) e êxito artístico com uma simples observação técnica. A propósito do verso livre, afirmou que «nenhum verso é livre para aquele que deseja escrever boa poesia». A liberdade é, desse modo, um problema técnico, ou seja, experimental, não ideológico, porque, afinal de contas, o que importa é se teremos boas poesias ou não, se o experimento terá êxito.

A modernidade continuou até a metade do século XX, apesar da existência das vanguardas, sendo representada por autores como Céline, Gadda, Faulkner, Henry Miller, Dylan Thomas, que jamais teriam se sentido à vontade em um grupo vanguardista. Atuavam sozinhos. As vanguardas são, sim, um fenômeno estrepitoso, mas setorial, da modernidade. São interessantes especialmente do ponto de vista de uma sociologia dos grupos intelectuais ameaçados pela academia e pela cultura de massa, ou ainda, do ponto de vista de uma filosofia progressiva na história das artes: suas invenções técnicas são quase sempre a enfatização propagandista e polêmica de experimentos que outros já haviam realizado. É suficiente um olhar às genealogias surrealistas redigidas por Breton para que se perceba. Ele propõe manifestos, programas e antologias. Mas Lautréamont, Rimbaud, Jarry, Apollinaire, Kafka, Savinio já haviam descoberto quase tudo.

4. Por outro lado, as vanguardas históricas proclamavam a auto-historicização da modernidade. Sintetizavam-na, preparando-a para seu *depois*, quando conquistaria seus inimigos (a academia e a cultura de massa), tornando-se pós-modernismo. Os professores que Palazzeschi fingia temer e desejava escandalizar em *Lasciatemi divertire* [Deixem-me me divertir] na segunda metade do século XX provavelmente aprenderam a lição: estudaram a modernidade, treinando um público neoburguês ampliado para aceitar como canônico, historicamente respeitável e necessário o que antes fora transgressão e provocação. Além disso, determinado teórico das neovanguardas rapidamente se especializaria em produzir *best-sellers* para um público escolarizado de massa. A paz entre vanguardas, academia e cultura de massa era selada. Os conflitos estavam fora de moda. Salvo

raras exceções, a nova vanguarda, mais que experimentalismo, é vanguarda produzida *in vitro*, com a utilização de um agente químico especial: a autolegitimação historicista.

Deve-se continuar a fazer vanguarda porque já se fez. Trata-se, propriamente falando, de restauração: em parte consciente (*re*utilizam-se argumentos e técnicas do início do século xx), em parte inconsciente (recusa-se a acreditar que a modernidade se haja exaurido com as primeiras décadas do século xx, e, assim, replicá-la quer dizer encontrar-se no pós-moderno).

A lógica do *engagement* não foi diferente. Mais uma vez, crê-se que a própria consciência político-literária do presente seja o princípio do qual se deve depreender a única maneira historicamente correta de resolver a relação entre realidade social, imperativo político e formas literárias. Tende-se a criar partidos políticos da arte e da literatura, que às vezes coincidem e às vezes entram em conflito com os partidos políticos propriamente ditos. Torna-se de primária importância estabelecer a própria «posição» e «linha de conduta». Nesse caso, não noto grandes diferenças de posicionamento entre Fortini e Sanguineti, como não noto entre Breton, Lukács, Pound, Brecht,

Sartre: são todos eles inimigos de soluções artísticas diferentes das que cada um deles depreendia da própria consciência militante. A vanguarda marxista, além do mais, pensa poder superar a vanguarda anárquica pelo simples fato de possuir uma teoria científica da história, e desse modo prever seu curso. O esquema lukacsiano (elaborado magistralmente no ensaio sobre Lênin), segundo o qual a essência histórica se reflete dialeticamente na consciência de classe organizada em partido revolucionário, funde-se com o esquema marinettiano da sincronização entre evolução histórica e progresso das formas estéticas. Empunhando essas duas armas, pode-se pensar ter nas mãos o pulso do presente e do futuro.

5. Tornemos à pós-modernidade, que não se conclui na retomada anos 1950-1960 das vanguardas históricas. Neorrealismo, *nouveau roman*, *nouvelle critique*, neomarxismo, *new left* mostram que a novidade consiste em um vir depois.

O pós-modernismo é uma poética, uma ideologia das artes e da filosofia (Nietzsche e Heidegger como os dois únicos representantes do ápice de toda a história cultural do Ocidente, dos pré-socráticos aos dias de hoje: parece-me um exagero). O pós-modernismo pode ser discutido, celebrado, como uma liberação «desconstrutivista» da verdade e das visões do mundo, execrado como perda de sentido histórico e antessala do *new age* (retorno ao ser, ao mito, às origens, ao sacro, à Idade Média, para realizar literatura edificante).

A pós-modernidade é, pelo contrário, uma época. Muito banalmente coincide com a segunda metade do século XX (e, por isso mesmo, assim como o século, terminou).

A pós-modernidade exigia que se soubesse algo sobre a modernidade, que se sentisse sua herança e seu peso, a energia permanente e a já abandonada, os desafios ainda abertos e a impossibilidade de recomeçar daquele passado. Penso que mais uma vez, nesse caso, os pós-modernistas mais interessantes são os que recusaram a filosofia pós-modernista e a ética de escola ou corrente. Mas é necessário fazer uma distinção entre as literaturas e as culturas. Na América (John Barth, Mario Vargas Llosa), a pós-modernidade é um pressuposto vital e necessário (assim como para todas as literaturas extraeuropeias). Na França, o pós-moderno é uma espécie de arcádia logo-lúdica que resultou em Derrida. Na Itália, fomos perseguidos pelos romances de Eco e entretidos pelas enfáticas reescrituras de Pietro Citati.

Com os autores que começaram a escrever nos últimos dez, vinte anos do século XX, por fim, a modernidade se volatiliza. O termo já não diz nada. Quando se perde a consciência do passado moderno como pressuposto problemático, evidentemente não se é mais pós-moderno. Estamos alhures: em um lugar onde mutações estão acontecendo.

6. A pós-modernidade não implica, por si mesma, na qualidade de situação histórica, nem uma forma particular de literatura, nem, menos ainda, um conjunto de preferências estilísticas. O interessante são exatamente as experimentações. No meio século de pós-modernidade iniciada já nos anos 1940, com o fim da guerra e o início da hegemonia americana no Ocidente, o experimentalismo domina muito a cena. Essa categoria aparece implicitamente desde o início da literatura moderna (alguém poderia citar Dante, outros os *Essais* de Montaigne, outros poderiam citar as autobiografias, os epistolários, o enciclopedismo setecentista ou também Rabelais e Sterne, Diderot e Kierkegaard). Mas o experimentalismo ressurge e se impõe sempre que se modificam as relações entre os livros ainda a ser escritos e os já escritos. Para além das vanguardas, cujas experimentações têm sempre um final feliz, difunde-se na pós-modernidade um

experimentalismo mais empírico que supera por detrás (retrocedendo) uma modernidade conclusa e realiza experimentações com formas precedentes, protomodernas ou pré-modernas. Elio Pagliarani compreendera perfeitamente que para experimentar era necessário iniciar pelos gêneros literários. Em vez de refazer Kafka, ou o monólogo interior, ou a escritura automática, alguém – Pasolini, por exemplo – desejava refazer Dante, ou os poemetos de Pascoli e Shelley, para terminar com uma espécie de ensaísmo socrático-luterano que restaura a situação e a tradição do grande *pamphlet*.

Calvino refaz as fábulas e o *conte philosophique*: e até o fim experimenta com a narrativa fantástica, os livros de viagem, faz paródias metanarrativas ou simplesmente engendra uma maneira de escrever um diário sobre como recomeçar a descobrir o mundo antes de perdê-lo.

Wystan Hugh Auden, um dos primeiros poetas pós-modernistas, é um experimentador neoclássico: em *Another Time* (1940), havia recomeçado com o século XVIII de Alexander Pope, Voltaire, Hogarth, tendo já em mente, quem sabe, Horácio e Dante.

Francis Ponge congela o magma surrealista e realiza exercícios descritivos, como se o gênero humano tivesse de voltar para o maternal, fazer o catálogo dos objetos para descobrir que existem fora de nós e que devem ser pacientemente percebidos. Peter Weiss faz teatro documentário e de ideias. Harold Pinter normaliza e reambienta Beckett em entornos mais tipicamente ingleses. Paolo Volponi, com *Corporale* (1974), escreveu, depois de Gadda, a obra-prima italiana da narrativa não acabada, um romance picaresco-apocalíptico ingovernável, entre loucura e revolução (que invertem os papéis), demonstrando que havia aprendido tudo o que era possível aprender com o experimentalismo italiano das duas décadas precedentes.

Lampedusa e Morante experimentam com a tradição do romance oitocentista, àquela altura já conclusa, e por isso mesmo magistralmente, manei-risticamente reevocada. Fingem uma grande ficção codificada. O experimentalismo possui mil faces, confirma a vocação camaleônica e onívora da litera-tura, arisca às teorias.

A pós-modernidade redescobre os gêneros. Em vez de cancelá-los como as vanguardas, recoloca-os em funcionamento, com funções imprevistas.

Enzensberger rejeita as vanguardas, declarando--as impraticáveis como ideologia e como linguagem (não importa se *beat generation*, Tel Quel ou Wiener Gruppe): retoma Brecht e Benn, retoma Auden, após um século de poesia mundial da qual ele mesmo realiza uma antologia em *Museum der modernen Poesie* (1960). Mas age como um «philosophe» da poesia, utiliza todos os gêneros, da reportagem ao *pamphlet,* ao romance *collage*. Reúne ao mesmo tempo histórias e catástrofes da ideia de progresso em poemas ensaísticos como *Mausoleum* e *O fim do Titanic* (que parece refazer o poemeto de Voltaire sobre o terremoto de Lisboa).

Stanley Kubrick, por fim, para sairmos um pouco da literatura, refaz, ele também, todos os gêneros, um por um: aperfeiçoa a estrutura, levando-os a uma dimensão alucinada e póstuma, que não os inibe, mas, pelo contrário, multiplica sua capacidade de impacto sobre o presente e sobre o público.

7. A sétima e última tese é para mostrar com dois exemplos a evidência da passagem da modernidade para a pós-modernidade e o nascimento de um tipo diferente de experimentalismo. Trata-se do singular episódio de dois autores famosos, Buñuel e Montale. Clássicos da modernidade na primeira parte da própria vida, em idade avançada renascem pós-modernos. A publicação de *Satura* em 1971

surpreendeu a todos. O Montale *além de* Montale deixava os críticos atordoados, aproximava-se dos leitores, simplificava, conversava em versos: colocava em suaves versos suas reflexões cético-niilistas, «fruível» e relativamente abordável. Ele também se descobria neto de Horácio, ainda que houvesse frequentado o inquietante, o perturbante Bobi Balzen, mago psicanalítico. O moderno Montale sublinha e declara que a modernidade terminou, o público se cansou de angústia e de árduas mensagens cifradas. Ele se cansou de si mesmo e da literatura secundária sob a qual é sepulto. Se sua obra precisa ser explicada, prefere que seja ele mesmo a fazê-lo, de maneira mais tranquila, descontraída e testamentária. A história, diz ele em uma poesia, é insondável, imperscrutável: parece-se com os caprichos da natureza. Nenhum autor jamais poderá saber onde se encontra, se na vanguarda ou na retaguarda.

Buñuel foi um dos mais audazes e geniais surrealistas (com seus amigos de juventude, Dalí e Lorca), mas foi também um crítico do idealismo libertário de Breton. Principalmente com *O discreto charme da burguesia* (1972: título eloquente e irônico) e com *O fantasma da liberdade* (1974), o desmonte surrealista dos fatos reais não o impede de construir fábulas e parábolas perfeitamente contemporâneas e burguesas, nas quais tudo vale o que vale, literalmente, e ao mesmo tempo cada história é colocada fora da história.

Claro, os velhos artistas não podem se sentir à vontade dentro do conceito de vanguarda. O velho Buñuel e o velho Palazzeschi não fazem o mínimo esforço para fazer parte e debocham dos recém-convertidos. Além disso, nenhum vanguardista suportou a ideia de ter seguidores que, por sua vez, fossem verdadeiros vanguardistas. Todo vanguardista é um déspota. Os outros podem sempre experimentar. Mas ele continuará convicto de que os únicos experimentos que como foguete viajarão rumo ao futuro são os seus.

Biblioteca antagonista

1 Isaiah Berlin – Uma mensagem para o século XXI
2 Joseph Brodsky – Sobre o exílio
3 E.M. Cioran – Sobre a França
4 Jonathan Swift – Instruções para os criados
5 Paul Valéry – Maus pensamentos & outros
6 Daniele Giglioli – Crítica da vítima
7 Gertrude Stein – Picasso
8 Michael Oakeshott – Conservadorismo
9 Simone Weil – Pela supressão dos partidos políticos
10 Robert Musil – Sobre a estupidez
11 **Alfonso Berardinelli – Direita e esquerda na literatura**
12 Joseph Roth – Judeus Errantes
13 Leopardi – Pensamentos
14 Marina Tsvetáeva – O poeta e o tempo
15 Proust – Contra Sainte-Beuve
16 George Steiner – Aqueles que queimam livros
17 Hofmannsthal – As palavras não são deste mundo
18 Joseph Roth – Viagem na Rússia
19 Elsa Morante – Pró ou contra a bomba atômica
20 Stig Dagerman – A política do impossível
21 Massimo Cacciari, Paolo Prodi – Ocidente sem utopias
22 Roger Scruton – Confissões de um herético
23 David Van Reybrouck – Contra as eleições
24 V.S. Naipaul – Ler e escrever
25 Donatella Di Cesare – Terror e Modernidade
26 W.L. Tochman – Como se você comesse uma pedra
27 Michela Murgia – Instruções para se tornar um fascista
28 Marina Garcés – Novo esclarecimento radical
29 Ian McEwan – Blues do fim dos tempos
30 E.M. Cioran – Caderno de Talamanca
31 Paolo Giordano – No contágio

Este livro foi composto nas fontes Arnhem e Brandon Grotesque e impresso pela gráfica Formato em papel Pólen Bold 90g/m², em junho de 2020 em Belo Horizonte.